‘역사유비’로서의
李信의 슐리얼리즘 신학

'역사유비'로서의 李信의 슐리얼리즘 신학
— 토착화, 기독교사회주의 그리고 그리스도환원운동의 통섭

2023년 7월 27일 처음 펴냄

지은이 | 이정배
펴낸이 | 김영호
펴낸곳 | 도서출판 동연
등   록 | 제1-1383호(1992년 6월 12일)
주   소 | 서울시 마포구 월드컵로 163-3, 2층
전   화 | (02) 335-2630
팩   스 | (02) 335-2640
이메일 | yh4321@gmail.com

ISBN 978-89-6447-917-9 03200

李信의 슐리얼리즘신학과 '역사유비'

◇

토착화, 기독교사회주의 그리고
그리스도환원운동의 통섭

◇

이정배 지음 | 한국信연구소 엮음

동연

책을 펴내며

이번 책은 2022년 「주간 기독교」에 격주로 연재했던 글을 모아 재구성한 것이다. 여기에 종교개혁 500주년(2017년)에 썼던 글 "종교개혁 이후 신학으로서의 '역사유비'의 신학 ― 아시아적 함의"를 수정, 보완하여 덧붙임으로 이렇듯 자그마한 책 한 권이 탄생되었다.

이 책은 다음 세 가지 면에서 큰 의미를 지녔다.

첫째는 한국 신학사 속에서 지금껏 주목받지 못했던 기독교사회주의와 그리스도환원운동의 신학 및 역사적 의미를 복원시켰고, 동시에 이들 셋의 뿌리가 1920~30년대 초기 감리교회에 놓였음을 밝혔기 때문이다. 지금껏 토착화만을 감리교 신학 전통이라 배우고 가르쳤지만 이 셋 모두가 감리교 토양에서 자라났던 것이다. 당시 여타 교단과 견줄 때 이런 경향성이 확연하다. 어찌 보면 민중신학의 출처도 여기서 찾을 수 있겠다. 기독교사회주의를 민중신학의 전신이라 일컫기도 하는 까닭이다. 사실 토착화신학은 우익 민족주의 배경에서 완성한 하나의 사조일 뿐이다.

둘째로 신학자 이신(李信, 1927~1981)에 의해서 이들 세 사조가 감리교라는 교파와 무관하게 하나로 통섭되었다는 사실이다. 자생적 환원운동을 접한 이신이 후일 성령의 신학으로서 슐리얼리즘

(Surrealism) 신학을 구성했고 이들을 상호 연결시켰던 까닭이다. 주지하듯 그의 1970년 박사학위 논문 제목인 "묵시문학에 대한 현상학적 이해"가 통섭을 위한 단초가 되었다. 이후 초현실주의 사조를 성령 신학과 결합시켜 묵시의식을 조명함으로써 토착화신학의 새 차원을 열어젖힐 수 있었다. 앞서 언급했듯이 우익 민족주의와 엮인 토착화신학과 일정한 거리를 두었던 것이다.

셋째로 이 책에서 가장 도발적이나 성글지 못한 점일 터인데, 이신의 성령론(현상학)적 통섭 신학(슐리얼리즘 신학)을 '역사유비'의 시각으로 본 것이다. 지금껏 신과 자연을 관계시킨 존재유비(가톨릭), 하느님과 인간의 특별한 관계에 초점 둔 신앙유비(개신교)가 앞서 존재했다. 필자가 말하는 '역사유비'는 우주사까지 포함된 역사 속의 공시적 관계를 모색하는 새 방식이다.

앞선 유비들이 각기 하나님과 그리스도에 강조점을 두었다면 '역사유비'는 성령에 방점을 둔다. 앞선 두 유비가 역설과 변증에 역점을 둔 반면 '역사유비'는 일치를 모색한다. 이전 유비들이 각기 토미즘철학과 독일 신비주의 사조와 잇대어 있다면 나중 것은 발터 베냐민을 차용했다. 하지만 베냐민이 유대주의로 회귀한 것과 달리 이신은 아시아적 사유를 전유하였다. 그가 수운 최제우의 종교체험을 중시한 이유다. 이것이 필자가 책 말미에 강조했던 핵심 내용이다.

사실 2017년 글 쓸 당시 필자는 역사유비를 이신의 신학적 사유와 연결시킬 생각을 하지 못했다. 2022년 「주간 기독교」에 글을 연재하면서 양자의 연결고리를 떠올리게 된 것이다. 이런 변화를 이신의 신학적 사유를 좀 더 깊게 이해해 가는 과정으로 여겨주면 고맙겠다. 그러나 「주간 기독교」 짧고 제한된 지면에 썼던 글이라 상세한 각주를 첨가하지 못한 것에 대해 이해를 구한다.

　앞으로 「창작과 비평」의 백낙청 선생님의 권유로 "개벽적 기독교"란 긴 글을 쓰게 될 것인바, 그때 좀 더 세밀하게 역사유비를 깊게 다룰 계획이다. 이 책을 읽는 독자들이 역사유비란 새 언어에 관심해 주길 청하며 펴내는 글을 마감한다. 처음 이 책의 출판을 제안해 준 동연출판사 김영호 장로님께 감사드린다.

2023년 5월 마지막 날에

현장아카데미에서

이정배 씀

차 례

한국 기독교 신학의 광맥을 다시 캐다
─ 토착화, 기독교사회주의 그리고 그리스도환원운동의 통섭을 위해

개신교가 이 땅에 유입된 지 공식적으로 거의 150년 세월이 지나고 있다. 아펜셀러와 언더우드 선교사가 인천 항구에 발을 내딛고 난 후(1885)부터였다. 이후 개화기를 거쳐 일제 점령 시대, 해방과 한국전쟁, 군부 독재 및 산업화 과정, 민주화 투쟁의 시간을 거쳐가며 한국 개신교회는 시기마다 역할을 달리했고, 여러 색조로 자신의 신학을 발전시켰다. 미국, 캐나다 등지에서 유입된 뭇 개신교 종파들 역시 이 땅 개신교의 색조를 다양케 만드는 일에 일조했을 것이다. 선교 초기에는 서로의 차이에도 불구하고 '개화'가 최고의 관심사였으며 일제 치하에서는 '독립'이, 군부 독재 시기에는 '민주화'가 그리고 산업화 시대를 거치면서 '교회 성장'이 개신교 활동의 중핵을 이뤘다. 좌우가 대립하던 해방공간에서 미국의 후견하에 성장했던 개신교였기에 한국전쟁을 거치면서 좌파 이념과 적대하는 반공적 기독교가 된 것도 사실이다. 역설적이게도 가쓰라-테프트 밀약(1905)을 통해 일본의 조선 침략을 허용한 미국의 정신적 지배를 받게 된 것이다.

작금의 개신교 신학 풍토를 이해하기 위해서는 일제 치하에서의 사상적 배경을 살피는 것이 중요하다. 주지하듯 초기 개신교는 개화와 독립을 위해 서구 기독교를 적극 수용했다. 일제에 맞서고자 저항적 민족주의로 무장한 민족적 기독교로 자리매김한 것이다. 복음적이되 한국적이며 생명(개화)적인 기독교를 원했기에 당시 민족과 기독교는 나눠질 수 없었다. 최근 '민족' 담론을 허구로 폄하하는 이들도 있지만, 민족의 원초성을 부정할 수는 없는 노릇이다. 그 속에 남녀, 반상, 빈부의 차별을 극복하려는 평등사상이 깃들어 있었다. 황제 중심의 '제국'을 백성 중심의 '민국'으로 바꿀 수 있는 힘을 개신교에서 보았다. 하지만 기대했던 3.1운동이 실패한 후 기독교는 급격히 내세 지향적 종교로 변질되었다. 현실 저항 대신 내세(천국) 보상을 소망하게 된 것이다. 개신교, 나아가 복음의 본질을 현실 역사가 아닌 교회 중심으로 협소화시켰다. 사실 미 선교사들은 애시당초 우리 민족에게 정치적이지 말 것을 주문했다. 3.1선언조차 정치적 사건으로 본 까닭에 민족대표자들의 경우 참여가 쉽지 않았다. 선교사들의 정치 불감증, 일본의 문화정책과 맞물리며 이후 개신교는 '조선의 기독교'가 아니라 '기독교의 조선'을 만들고자 보수성을 갖게 된 것이다. 당시 신문들은 사설을 통해 교회 안에 갇힌 신앙인들로 하여금 가두(거리)로 나설 것을 주문하기도 했다. 참고로 당시 천주교는 3.1운동에 가담치 않았고 민족주의와도 거리 두었음을 밝힌다.

이런 개신교를 향한 사회주의자들의 분노와 실망이 작지 않았다. 볼셰비키혁명(1917)을 경험한 조선의 지식인들 다수가 사회주의 이념을 수용했던 바, 이들 눈에 기독교는 민족, 민중의 배반자로 보였다. 본래 특성상 양립키 어려운 관계였지만 이 땅의 사회주의자들의 기독교 비판은 아주 매서웠다. 이들 사회주의 이념 수용자 중에는 기독교 목사의 아들도 있었고, 여성도 존재했으며, 후일 김일성과 조력한 이들도 존재했다. 계급은 물론 성의 해방까지 도모했던 바 이들은 민족주의자들과도 사상적으로 투쟁했다. 하지만 그때 조선은 농업이 대세였던 탓에 사회주의 혁명이 가능할 만큼 물적 토대를 갖추지 못했다. 그럼에도 이들이 사회주의 이념을 좇은 것은 소련 혁명이 조선의 해방을 가져올 것이란 믿음 때문이었다. 독립을 위한 열망이 이들을 사회주의자로 내몰았고, 기독교(교회)를 소시민적이라 비판할 수 있었다. 이런 상황에서 사회주의를 수용한 개신교 목사 다수가 생겨났다. 감리교 목사 김창준이 대표적인 경우로서 3.1선언에 가담한 인물이었다. 본래 대학에서 마르크스 종교론을 비판했으나 사회주의자들의 기독교 비판에 동조하면서 소위 기독교사회주의자로 변신하였다. 이후 중요하게 언급할 기독교사회주의의 창시자가 된 것이다.

　말했듯이 일제 치하에서 이들 사회주의자들은 소위 우파 민족주의자들과도 갈등했다. 주로 상해 임정에서 시작된 이들 간의 반목은 조선 땅에서도 지속, 확장되었다. 처음 임시정부 요원들로서 신채호를 비롯한 민족주의자, 고려 공산당을 창시한 사회주의자 이동휘 그리고 후일 기독교사회주의자가 된 기독교 목사 손정도, 기독교를 배경으로 하지만 좌우 이념을 넘나든 여운형 등이 함께 활동했다. 민족주의자들이 대종교, 동학 등 한국의 종교 사상을 바탕으로 민족 우수성에 방점을 두었다면 사회주의자들은 러시아혁명을 주도한 사회주의 이념에 경도되었다. 당시 대공항에 처한 서구 자본주의 몰락을 예견하며 프롤레타리아(무산계급) 혁명을 꿈꿨던 것이다. 해서 이들은 보편적 민족이 아니라 특수한 상황에 처한 민족, 민족 중에서 계급, 여성 등에 관심을 더했다. 이들 간 갈등으로 상해 임시정부의 한계가 드러나자 많은 이들이 만주 길림으로 옮겨 새로운 이상촌을 실현시키고자 했다. 안창호, 손정도를 비롯하여 시간차를 두고 기독교사회주의자가 된 김창준 그리고 윌슨의 민족 자결주의를 최초로 소개했으며, 나중에 기독교 환원운동가로 활동한 동석기 목사 등이 길림 지역에서 활동했었다. 한마디로 길림 지역은 독립을 염원한 온갖 이념, 세력들의 집결지였던 셈이다. 서로 협력하고 갈등하며 독창적인 방식으로 저마다 자신들 입지를 구축해 나갔다. 이 과정에서 사회주의를 수용했던 손정도는 기독교를 배경한 민족주의자인 도산 안창호와 결별하는 아픔도 겪어야 했다. 한국전쟁을 연구한 미국 역사학자 브루스 커밍스는 길림 지역의 경험—친일 대 반일—에 근거해 한국전쟁의 발발 원인을 규명했으니 이곳이 지닌 역사적 의미를 되새겨야 할 것이다.

　이렇듯 초기 기독교는 민족주의, 사회주의 그리고 기독교가 서로 갈등하며 때론 비판을 견디면서 저마다의 방식으로 개화를 넘어 독립을 지향하고 있었다. 이 과정에서 기독교 신학 역시 상호 다르게 발전되어졌다. 주지하듯 1920년대 이후부터 세상에 영향을 주지도 받지도 않으면서 복음을 교회 내적 사건으로만 여긴 소위 복음(보수)주의 기독교가 대세를 이뤘다. 반면 개화의 과제를 이어받은 개신교는 민족 고유한 종교 이념을 복음과 연계시켜 민족성과 종교성을 힘껏 개화시키려 했다. 민족 사상과 결합된 자유주의적 토착화신학이 복음주의 곁에서 생성된 것이다. 이와 동시에 무산자들에 관심했던 사회주의자들을 민족의 식민적 현실에서 기독교를 이해하기 시작했다. 혹자가 기독교사회주의를 민중신학의 전신이라 일컫는 이유도 여기에 있다. 한국 신학의 광맥을 발굴했던 신학자 유동식은 이들 세 경향(사조)을 복음적 보수주의, 문화적 자유주의 그리고 역사적 진보주의로 대별하며 재언표하였다. 이렇듯 한국 개신교 내에 이런 세 줄기(흐름)의 기독교가 공존, 경쟁하며 발전해 왔다.

짐작하듯 예수교 장로회와 감리교 그리고 기독교 장로교가 각기 이에 해당될 수 있을 것이다. 유동식은 이런 도식을 풍류도의 본질(한, 멋, 삶)로까지 소급시켜 정당화했다. 하지만 필자 보기에 틀린 것은 아니되 충분치 못한 점이 있다고 사료되었다.

유동식의 경우 이 땅에서 논의된 사회주의 사조에 대해 주목하지 않았다. 한국전쟁에 대한 부정적 경험 탓에 사회주의 이념 문제에 소극적이었으며 오로지 토착화론에 무게중심을 두었다. 주류 개신 교단에 소속되었고 평생 문서를 연구하는 학자로 지냈기에 기독교적 현실에 소홀한 감도 없지 않았다. 당시 많은 글을 남기지 못했지만, 사상적 씨앗이 담긴 중요한 사조들이 존재했다. 자생적인 그리스도 환원운동이 바로 그 단적인 예라 할 것이다. 이들은 조선 땅에 들어온 교파적 기독교를 거부하고 그리스도에게로 돌아갈 것을 요청한 전위적 세력이었다. 자신의 소속 교단들을 떠나 자생적 그리스도환원운동에 몸 바쳤던 이들 역사 또한 발굴, 소환해야 옳다. 이들은 기독교의 근원이자 출처를 강조했다는 점에서 복음적 보수주의와 만날 수 있고, 길림의 경험을 통해 민족의 고난을 조우했기에 사회주의적 요소를 간직하고 있다. 동시에 과거 전통에 복속되기보다 근원의 현재적 재현을 목적했기에 성령 운동과도 연루될 수 있다. 비록 이들의 환원신학이 이후 성서문자주의로 회귀했거나 순복음류의 성령 운동으로 변질되었지만, 자생적 환원운동이 지닌 근원성 및 통전성은 기독교의 미래를 위해 복원시켜야 할 자산이다. 유영모,

함석헌 그리고 김교신으로 이어지는 무교회주의 사조 역시 토착화 전통과 별도로 중요하게 다룰 수 있는 주제이겠지만 우익 민족주의 산물인 것은 부정할 수 없다.

이하의 글을 통해서 필자는 앞서 말한 내용들을 세부적으로 재론할 것이다. 크게 보아 민족주의 계열과 소통한 기독교 신학은 물론 사회주의 사조와 조우했던 신학도 소개할 것이며 지금껏 알려진 토착화신학의 흐름도 무교회적 영성과 더불어 나름 새롭게 언급할 계획이다. 무엇보다 자생적 환원운동의 역사적, 사상사적 의미를 캐내는 일도 필자의 큰 과제 중 하나가 되었다. 주지하듯 이들은 지금껏 한국 신학의 광맥으로 평가 받지 못했으며 거부되거나 회피된 사조였다. 필자는 자생적 환원운동가로 시작하여 슐리얼리즘 신학을 전개했던 신학자 이신의 신앙적인 주체적 시각에서 기존 토착화 사조와 새롭게 발굴된 기독교사회주의를 함께 통전시켜내는 작업을 시도할 것이다. 글 말미에 성령을 강조한 이신의 신학적 작업을 기존의 '신앙유비', '존재유비'의 구조를 넘어서는 '역사유비'의 신학으로 재구성하여 의미 있게 자리매김할 생각이다.

1장

우익 민족주의와
토착화신학자들

최병헌

정경옥

이용도

유동식

윤성범

변선환

다석학파 사람들

앞서도 말했듯이 백 년 역사를 넘긴 이 땅의 기독교 성격을 알고 신학이란 학문의 광맥을 찾고자 하면 동시대를 호흡했던 민족주의와 사회주의와의 관계를 탐색하는 것이 옳다. 이들과의 관계 맺는 방식에 따라 기독교 양태가 다양하게 발전, 정착되었고 뭇 신학 광맥을 형성시켰던 것이다. 서구에서 유입된 교파적 기독교를 넘어서고자 하는 기독교 내부의 몸부림도 이런 선상에서 비롯했다. 주지하듯 서세동점 현실에서 이 땅의 사람들은 3~4가지 방식으로 서구와 조우했다. 서구의 종교, 문화 일체를 배척하는 '위정척사'파들의 시각이 있었던가 하면 서구 문명을 적극 수용하여 조선의 개화를 꿈꿨던 '갑신정변'파도 존재했다. 아울러 대세를 인식, 수용하되 나름 주체적 관점에서 서구를 받아들였던 '동도서기東道西器' 흐름도 있었다. 본 입장은 당시 중국의 중체서용中體西用과 일본의 화혼양재和魂洋才의 현실 인식과 맥을 같이 했던 것으로서 '위정척사'의 변형이라 봐도 좋을 것이다. 서구 문물을 인정하되 자국의 정신을 지키려는 주체적 의식을 이곳에 담았기 때문이다. 물론 이 시기는 러시아에서 프롤레타리아 혁명이 일어나기 이전이었다. 이후 '위정척사'는 민족주의 사조로 계승되었고, '갑신정변'파는 민족 개화를 목적한 주류 진보적 기독교 담론으로 발전되었으며, '동도서기' 입장은 토착화론의 전거로 활용되었다. 다소 늦게 등장한 기독교사회주의 사조 역시 갑신정변파의 에토스로 생각해도 좋을 것이다. 이외에 천도교 측이 주장하는 '개벽開闢' 사상 역시 주목할 필요가 있다. 서구적 근대화가 아니라 자생적 근대를 선포한 개벽 사상의 진가와 뜻을 달리 평가해야 한다는 것이다. 동학 천도교 측의 이런 주장은 기존 세 입장과 변별된 것으로서 설득력 있는 논거라 생각한다. 이신의 슐리얼리즘 신학을 통해 이 점도 재차 소환될 수 있을 것이다.

한국 신학의 광맥들을 발굴했던 신학자 유동식은 앞선 세 사조를 기독교 이해의 전거로 삼았다.* 이 땅에 유입된 개신교 유형의 다양한 특색을 설명하는 기조로 여긴 것이다. 부연하지만 우리 것을 지키려 했던 '위정척사'의 관점을 보수, 교리적 기독교 정신의 모태로, 서구에 개방적인 '갑신정변'파의 정신을 정치적, 진보적인 기독교의 자양분으로 그리고 '동도서기'를 말했듯이 토착적 기독교의 생성 배경으로 삼았다. 앞선 두 입장이 보수, 진보를 대표하는 두 유형의 장로교의 정서를 대변했다면 세 번째 것이 감리교에 상응하

---

* 『소금 유동식 전집 4: 신학사(한국신학의 광맥)』(한들출판사, 2009).

는 신학 구조를 만들어 낸 것이다. 이런 도식을 근거로 유동식은 백여 년에 걸친 개신교 신학 유형 및 교파(교단)적 특성을 서술했다. 일리一理를 지닌 창조적 사유의 열매였지만 이런 유類의 도식화는 허점을 지닐 수밖에 없었다. 기독교 위주로, 기독교만이 답이라 여겼기에 정작 당시 민족주의 사유를 깊게 살피지 못했고 후일 등장한 사회주의 흐름도 놓쳤으며 아울러 이들 세 사조 간의 역동적인 관계 맺음의 역사를 적실히 서술치 못한 것이다. 민족주의, 진보(자유)주의, 토착주의가 상호 교류하며 영향을 주고받았던 살아있는 역사가 생략된 것이다. 이렇듯 도식화된 구조 탓에 이 체계 속에 포착되지 못한 개신교의 흐름도 여럿 존재했다. 첫 글에서 언급한 바 자생적인 그리스도환원운동이 대표적인 경우이겠다. 이와 더불어 동학 천도교 측의 문제 제기에 대한 답도 여전히 부재한 상태로 남아있다. 주지하듯 3.1독립선언 당시 대종교는 물론 동학, 천도교의 역할이 지대했음에도 지금껏 기독교 위주로 역사가 서술된 것이다. 민족 독립을 위한 선언서 내용이 서구적 개화 차원을 넘어선 것도 항차 적시할 주제이다. 계급, 신분, 노소, 남녀 이념 차를 넘어 평등을 말했고 무력으로 동양을 지배하던 시기에 비폭력 평화를 말한 것은 동학 '개벽' 사상의 공이 크고 많다.

　1919년 3.1선언의 기대가 무너진 이후 다수 개신교가 교회(교리)주의로 빠진 것과 달리 국내외적으로 민족주의, 사회주의 그리고 소수지만 기독교인들이 손잡고 독립을 위해 투쟁했다. 선언 이후 상해에서 임시정부가 출범될 수 있었던 것도 그곳에 거주했던 민족주의자들, 특별히 나철이 세운 대종교와 디아스포라가 된 동학교도의 영향력 때문이었다. 대종교를 신봉했던 신채호를 위시하여 기독교 민족주의자였던 도산 안창호, 후일 길림 지역에서 기독교사회주의자로 변신한 손정도, 기독교인으로서 고려 공산당을 창시한 이동휘 그리고 해방 전후 공간에서 좌우합작을 설ᵃᵉ하며 큰 힘을 발휘했던 몽양 여운형이 함께 했던 결과였던 것이다. 아쉽게도 상해 임정 요원들의 권력 싸움 탓에 합쳐졌던 이들의 힘이 분산, 결별되었으니 아쉽기 그지없다. 이후에도 일본이 조작한 '105인 사건' 발생 이전까지 한반도 땅에서는 사회주의자들과 민족주의자 그리고 전덕기와 같은 기독교인들이 손잡았던 역사는 끊이지 않고 지속되었다. 제국帝國에서 민국民國으로 바꾸는 과정에서 누구도 소외되지 않는 평등한 나라를 세우고자 했기 때문이었다. 하지만 '민족분단'을 야기한 동족 간 전쟁 탓으로 이들의 상호 교류, 협력 역사가 신학적으로 옳게 평가되지 못했다. 교회주의, 내세주의에 함몰된 기독교가 반공의 종교로 변질되어 이념적 담을 높이 쌓은 결과이기도 했다. 기존의 신학 광맥 속에서 교회 및 민족주의 비판 그리고 사회주의 수용 역사가 채굴되지 못한 것도 결국 같은 이유에서일 것이다.

이 과정에서 보수적 기독교뿐 아니라 자유, 진보적 기독교, 나아가 토착화를 표방하는 개신교 신학 모두가 저마다 다른 방식이긴 하나 공히 민족주의와 결합하고 사회주의를 배척했던 족적이 자리했다. 거듭 말하지만 지난 백여 년 동안 한국 사회와 교계는 민족주의, 사회주의 그리고 기독교가 만나고 헤어지며 갈등하는 모습으로 점철되었던 것이다. 민족주의자로서 사회주의를 표방하는 이들, 민족적 종교를 바탕으로 기독교를 이해, 해석하는 토착적 기독교인들, 기독교계 인물이 사회주의를 수용한 경우 등이 공존했고 상호 갈등, 투쟁해온 역사였다. 그러나 해방 전후 공간에서는 공존 자체가 불가능한 정도에까지 이르렀다. 민족적 사회주의자들이 북쪽을 지배했고 기독교사회주의자들 또한 우익의 힘만으로 세워진 대한민국에서 설 자리를 잃었으며, 유불선 및 아시아 종교를 바탕으로 한 토착화 신학은 정치에 무관심한 문화신학으로 발전되었던 것이다. 흔히 기독교사회주의를 민중신학의 전신이라 일컫지만, 후자의 경우 이념적으로 좌익을 부정했기에 상호 이질적인 모습도 항존한다. 함석헌의 경우 사회주의 사조와 결별한 채 기독교 민족주의로 자기 삶의 좌표를 찍고 지평을 확장시킨 대표적 경우이다. 그러나 이런 상태를 유지, 존속시키는 것이 대한민국의 미래에 바람직할 것인지, 좌익 이념에 적대하는 종교로서 기독교가 계속 존재하는 것이 옳을지를 되물을 때가 되었다. 더구나 기독교 절대주의를 표방하며 민족(종교) 문화에 대해 부정적인 오늘의 교회, 자본주의에 자신들 영혼을 빼앗겨 북쪽보다 더 물질화된 남쪽의 교회들 생각할 때 이들 세 사조가 비판하되 함께 했던 과거 역사가 많이 그립다. 남북 간의 평화를 넘어 공존이 화급한 상황에서 이념과 사상, 민족과 종교의 관점을 아우르는 새로운 신학적 해석학이 필요한 시점에 이른 것이다. 그렇기에 자신들 역사성을 절대화시킨 교파적 개신교를 부정하고 그리스도 정신으로 환원코자 했던 소수의 신학적 흐름을 소환할 필요가 있다. 여기서 환원은 단순히 과거로의 복귀만을 뜻하지 않는다. 기독교의 모체라 하는 '묵시 의식'을 오늘의 현실에 현상학적으로 재현시켜 다른 기독교, 새로운 기독교를 정초코자 했던 까닭이다. 바로 이신은 기독교 환원운동가 그룹에서 이런 신학적 작업을 성사시킨 유의미한 신학자였다. 슐리얼리즘 신학자로서 그의 작업은 좌우 이념뿐 아니라 개벽을 강조했던 수운 최제우의 동학 사상과도 조우할 수 있었던 것이다.

이하 전개되는 글에서 이런 문제의식을 주제별로 심화시켜 새로운 기독교상을 제시할 생각이다. '민족'을 공유하되 저마다 다른 방점을 갖고 기독교사회주의, 토착적 기독교, 그리스도환원운동을 표방했던 이들 세 사조를 이신의 슐리얼리즘 신학의 틀거지로 통섭시킴을 통해서 말이다. 사실 신학자 이신은 교파(감리교)를 떠났고 54살의 이른 나이로 소천했기에 많은 저술을 남기지 못했다. 하지만 묵시문학을 연구한 그의 박사 논문과 몇 차례 시도했지만 끝맺지 못했던 '슐리얼리즘 신학' 서술 속에 오늘 이 시기에 적실한 신학적 상상력이 충족하게 담겼다. 이를 바탕으로 민족주의를 저마다 다르게 전개시킨 토착화신학, 기독교사회주의, 그리스도환원운동을 개별적 주제로 살필 것이고, 동시에 이들 셋의 한 몸 짜기를 통해 자본주의 이후의 세상과 교회의 모습을 서술해 갈 것이다. 앞으로 이들 세 사조를 비롯하여 묵시 의식, 동학 사상, 슐리얼리즘(초현실주의) 사조, 이신이 좋아했던 베르다이에프 자유론(상상력), 이를 토대로 설계된 이신의 슐리얼리즘 신학을 '역사유비'의 신학 차원에서 소개할 생각이다.

주지하듯 서세동점의 시기를 거쳐 일제에게 나라를 빼앗기는 과정에서 민족주의의 등장은 단연코 두드러졌다. 유교, 불교를 개혁하려는 유신 운동이 일어났고 대종교, 동학 등을 비롯한 자생적 종교들이 민족을 등에 업고 태동된 것이다. 혹자는 민족주의를 서구 근대 이후 생겨난 담론이라 여기며 본래 "민족은 없다"란 말도 남겼으나 이야말로 서구적 시각에 편향된 오리엔탈리즘(동양열등주의)의 전형적 사례이다. 돌덩이처럼 변치 않고 존재하는 민족은 세상에 단연코 없을 것이다. 외부로부터 영향 받고 자체 변형되면서도 이곳저곳에서 독자 발전하는 과정을 거쳐 과거와 오늘을 잇는 원초적 특성, 민족의 오늘을 풀어내는 맹아를 생성해 낸 것이다. 이조차 부정한다면 이스라엘 민족의 역사를 품은 구약성서를 경전으로 여길 이유도 없고, 기독교 종교의 설 자리도 사라질 것이다. 오늘 우리가 '한류'의 이름으로 세계 문화를 이끄는 것이 오래된 미래와도 같은 유무형의 문화적 인자 때문이란―일리 있는― 주장을 국수주의로 폄하할 이유는 없다.

하지만 서구 사조를 절대화하며 수용했던 소위 갑신정변 그룹들은 발흥하는 민족주의를 이렇듯 국수주의로 매도했다. 정신적으로 위정척사파에 잇댄 군인 계급 그룹에 대한 이들의 승리가 근대사 속에서 거듭 반복, 재현된 것이다. 이런 흐름 속에서 유교 및 불교 유신론은 그 중요성에도 불구하고 뜻을 펼칠 수 없었고, 『천부경天符經』과 같은 잊혔던 경전을 찾아 민족정신의 근간을 삼고자 했던 대종교의 시도 또한 국내적으로 세를 얻지 못했으며, '개벽開闢'을 절규한 동학 천도교 활동 역시 배척되었다. 여기에는 아시아를 주술과 악에서 구원코자 내한했던 선교사들의 역할이 자리했다. 본디 저항적 민족주의를 돕긴 했으나 개신교는 태생적 한계인 '신앙유비'(*Analogia fidei*) 교리에 따라 기독교 밖의 공간─그것이 인간, 역사, 자연이든지 간에─ 일체를 부정했던 까닭이다. 이들 중 캐나다 출신 J. 게일(1864~1937)처럼 한국 문화를 사랑하고 존경한 소수의 선교사들이 있었으니 다행스럽다. 캐나다 장로교가 미국 개신교의 보수성을 탈피했기에 가능한 일이었다. 앞선 글에서 말했듯이 다수 개신교는 1919년 전후로 한국인 목회자들에게 "정치적인 일에 관여치 말 것"과 "타 종교인들과 관계하지 말 것"을 공공연하게 요구했다. 이런 정서는 지금까지 한국 교계의 다수인 보수기독교 집단에 핵심 교리로 자리 잡았다. 하지만 민족주의를 표방한 대종교와 동학, 천도교는 상해와 연해주 등지에서 민족의식을 바탕 하여 성장했고, 독립을 위해 헌신했으며, 이후 사회주의와 접합되어 당시 노동자, 여성

해방을 위해 족적을 남겼다. 물론 기독교와 민족주의 양축을 부여잡고 사회주의자들 이상으로 사회 및 민족 개조를 위해 애쓴 대표적인 인물, 도산 안창호(1878~1938)와 같은 인물도 있었다. 신학자나 목회자가 아니었기에 가능한 일이었다. 유교에서 장로교로 개종했지만, 그의 민족 사랑은 상해 임정을 떠나 길림에 이르기까지 지속되었다.

이런 선상에서 개신교 목사였던 탁사 최병헌(1858~1927)을 우선적으로 언급해야 할 것이다. 그는 최근 「창작과 비평」에서 구상한 한국 사상선 총서 목록에 이름을 올릴 만큼 기독교계 안팎에서 중요한 인물로 평가된다.[*] 충북 제천 출신인 최병헌은 유교 집안에서 태어난 정통 유교 학자였다. 몇 차례 과거를 응시한 바 있었으나 관리들 부패에 환멸을 느끼던 차에 선교사를 만나 성서를 배워 기독교에 입문하게 된 것이다. 한국 최초 신학교인 감리교 신학대학(협성신학교)에서 수학한 후 선교사 아펜셀러를 이어 정동감리교회 초대 한국인 목회자로서 활동했고(1903~1914) 모교 교수로서 종교변증학을 가르쳤다. 당시 정동교회는 서울에 거주하는 식자계층들, 소위 양반들이 모이는 곳이었기에 전직 유학자인 최병헌의 이력이 많은 도움이 되었다. 미 선교사들에게 한글을 가르쳤고, 그들을 도와서 한문 성서를 번역한 공도 적지 않다. 그의 저서 중 지금껏 유의미한

---

[*] 강경석 외, 『개벽의 사상사』 (창비, 2022), 10장 논문 참조.

것으로 "죄도리"(1901), 『聖山明鏡성산명경』(1912), 『萬種一臠만종일연』(1922)이 남아있다. 개화파 사상가 윤치호와 각별한 관계를 지녔으며 고종의 특명을 받아 충청 지역 동학교도들의 투항을 요구했던 그의 족적(의병순무사) 속에 식자층(양반)을 위한 기독교 목회라는 측면에서 분명 사상적 한계도 남겼다. 이곳에서 함께 동역했으나 후일 기독교사회주의자로 변신한 신학교 후배들인 손정도, 김창준 등이 최병헌의 행적을 어찌 평가했는지 주목할 일이다.

최병헌은 개화파 핵심 인물 윤치호와 깊이 교제했지만 그는 그 계열 사조에 몸담지 않았고 '東道西器동도서기'를 넘어 '東道西法동도서법'의 틀에서 기독교 서구를 수용했다. 西道서도(기독교) 없는 西器서기(서구 문명)가 불가능하듯이 東道동도(유교) 없는 東器동기(동양 문명) 또한 존재할 수 없다는 것을 간파한 것이다. 따라서 동서양의 정신세계는 다를 뿐이지 상호 배척될 수 없다고 보았다. 기독교(서도)를 인정한 입장에서 개화파처럼 보이겠지만 동시에 유교(동도)를 강조했기에 위정척사파와도 닮았다. 그들과 친했음에도 개화파들처럼 '동도'를 버린 채 '서도'를 수용치 않았던 것이다. 자신의 전통을 버리고 기독교에 귀의한 당시 다수의 유교 지성인들과 견줄 때 아주 특이한 경우였다. 하지만 기독교를 통한 근대적 '개화'를 주창했기에 민족종교인 동학의 자생적 '개벽 사상'과 견줄 경우 여전히 서구 친화적이었음을 인정해야 옳다. 동학의 개벽 사상과 같은 것은 그에게 어불성설, 낯선 것이었을 뿐이다. 이런 모호성에도 불구하고 최병헌의 핵심 주장 두 가지는 이후 토착화론이 가능할 수 있는 기틀을 만들어 주었다. "서양의 하늘과 동양의 하늘이 다르지 않다"(西洋之天卽東洋之天서양지천즉동양지천)는 것과 "민족의 자주성(주권)을 빼앗긴 것은 천부적 권리를 도둑맞은 것과 같다"는 가르침이다. 앞의 것은 종래의 중국은 물론 새롭게 부상한 유럽 열강의 절대성에 맞선 것으로 의미가 컸다. 지구본을 어디에 놓고 돌려 보는가에 따라 세상 중심은 달라질 수 있다는 뜻으로 조선도 '중심'이 될 수 있다고 역설한 것이다. 나중 것은 일제의 조선 침략을 비판하되 나라 잃은 조선(인) 자체에 엄중한 책임을 물은 것으로 방점이 후자에 찍혔다. 이는 동학교도를 설득, 종용하여 정권에 반기를 들지 않도록 권면했던 그의 행적과는 썩 어울리지 않는다. 양반 지식층 목회였기에 태생적으로 왕권에 대한 저항과 항거를 기대하기 어려웠다. 이런 한계에 대해서는 더욱 철저하게 후술할 생각이다.

이제 앞선 세 권의 책에 대한 이야기를 지금껏 논지에 따라 재론하겠다. 말했듯이 평생 유학자로서 살았던 그는 유교와의 연속선상에서 복음을 수용했다. 그렇기에 유교에 낯선 '죄' 개념을 한국 최초의 신학 소논문에서 다룬 것이 특별하다. 논문 "죄도리"에서 최병헌은 인간이 신 앞에서 죄인일 수밖에 없고 그리스도 은총을 통해서 해결할 수 있다는 정통적 기독교 신앙을 서술했다. 수행을 통하여 성인이 될 수 있다고 가르친 종래의 유학과는 이질적이었다. 하지만 최병헌은 인간의 생득적 본성과 능력이 타락했다는 서구 원죄론과는 생각이 달랐다. 자신의 의지를 다스릴 힘을 하늘 상제에게서 구했지만 성악설을 따를 수 없었던 것이다. 그럼에도 "죄 도리"는 "동양의 하늘과 서양의 하늘이 다를 수 없다"(동도서법)는 생각과 온전히 중첩되기 어렵다. 유교와 기독교의 관계가 실상 변증법적 연속성이 었기 때문이다. 기독교 시각에서 유교의 한계를 보완할 경우 양자의 관계가 더욱 또렷할 수 있다고 했다. 그 반대의 경우는 성립될 수 없을 것이다. 하지만 핵심은 유교 자체를 부정될 실체로 여기지 않았다는 사실에 있다. 이 점에서 최병헌의 종교변증론은 종교개혁 자들이 내세운 '신앙유비'의 틀로 해소될 수 없었다. 이 점은 두 번째 서적을 통해 잘 적시된다.

『성산명경』은 문학적 가치가 대단히 높은 작품으로서 '종교'라는 말이 여기서 최초 사용되었다. 유교뿐 아니라 한국 역사 속에 존재했던 불교, 도교(선가)도 다뤘던바 저마다의 신앙 주장을 비교 평가한 책으로 유명하다. 한국 최초의 종교 간 대화인 셈이다. 기독교 밖의 종교를 단박에 부정, 거부하지 않고 묻고 답하며 상호 이해를 구하는 노력이 담겼다. 주지하듯 가상 인물들로서 유학 선비 진도, 불교 승려 원각, 도교거사 백운을 탁사 최병헌이 신천옹의 이름으로 찾아가서 종교 간 대화를 시작했다. 신, 우주, 내세, 신앙의 문제들에 대해 저마다의 시각에서 토론한 것이다. 피차 다를 수밖에 없는 내용이었으나 신천옹은 이들 간 생각 차를 단순 비교, 나열만 하지 않았다. 상호 교리의 유무, 장단점, 소통을 살폈고 기독교 역시 이들 종교들과 견줘 배울 바가 있음을 인정한 것이다. 동시에 기독교가 개화, 곧 국권 회복의 유일한 대안이 될 수 있다는 확신도 피력했다. 이런 연유로『성산명경』은 유불선 동양 종교들을 통해 기독교의 자기 이해를 더욱 증진시켜 궁극적으로 기독교의 토착화를 목적한 저서라는 평가도 받고 있다.

그의 대저『萬宗一臠^{만종일연}』에서는 이런 논의를 더욱 발전시켰다. 주지하듯『만종일연』은 앞선 두 책의 결정판이자 이후 토착화신학의 향방을 결정짓는 대단히 중요한 책이다. 서세동점의 시기 대다수 식자들이 자신의 과거(전통)를 부정하고 서구 것을 추동했지만 최병헌은 과거를 내치지 않았고, 비록 변증적이긴 했으나 기독교와 연속성을 갖고 유교를 이해했던 것이다. 앞선 책『성산명경』이 기독교에 앞선 이 땅의 종교들, 유불선 사상과의 대화였다면『만종일연』은 지평을 넓혀 세계 종교들을 언급했다. 이슬람교는 물론 조로아스터교까지 등장할 정도로 최병헌의 의식은 세상과 소통했고 박학다식했다. 그가 감리교신학대학교 전신인 협성신학교에서 종교변증학을 가르친 것도 이런 배경에서 비롯한 것이다. 일만 '萬^만'자와 으뜸(마루) '宗^종'자가 합해진 '萬宗^{만종}'은 한마디로 세상의 모든 종교를 일컫는다. 으뜸을 강조하는 종교들이 기독교를 비롯하여 세상에 무수히 많다는 뜻을 적시한 것이다. 여기서 '萬^만'은 모든 것을 의미했다. 여기서 '臠^연'이란 한자어가 중요하다. 고기란 뜻이다. '一^일'과

'臠^연'이 합해져 하나의 '고기 맛'이라 풀어질 수 있다. 저마다 으뜸을 강조하는 세상의 종교들이 서로 많이 다른 것 같지만 실상 그들은 같은 고기의 맛을 공유하고 있다는 것이다. 최병헌을 좋아했던 변선 환은 여기서 근자의 '신 중심적' 종교다원주의의 맹아를 보고 대단히 기뻐했다. "신이 인간이 되었다"는 기독론을 앞세울 때 세상의 종교 들과 기독교는 이질적 관계가 될 수밖에 없다. 하지만 숨어계신 하느님(*Deus Absconditus*)을 강조할 때 어느 종교도 신을 독점할 수 없다는 신비주의가 가능할 것이다. 모든 종교들이 숨어계신 하느 님의 일면을 붙잡고 있기에 어느 것도 절대적일 수 없고, 모두가 틀릴 수도 없는 까닭이다. 이렇듯 신비주의적인 신중심주의의 한국 적 단초를 변선환은 최병헌의 『만종일연』에서 보았다. 백여 년 전 한국의 한 사상가에게서 신학의 미래를 본 것은 유의미한 발상이 아닐 수 없다. 하지만 당시 최병헌은 같은 맛을 지녔지만 기독교의 우위성을 밝히는 데 강조점을 두었다. 같지만 다른 것을 찾는 변증학 의 길로 나섰던 것이다. 그가 서구 개화사상을 적극 수용한 것도 이와 무관치 않았다. 그렇기에 그를 신중심주의적 다원주의자로 본 것은 변선환의 신학적 희망이었을 것이다. 하지만 우리는 최병헌 과 같은 신학자를 당대 하늘이 허락한 것에 감사한다. 기독교 밖의 종교를 선험적(신앙유비)으로 부정하지 않았고, 상호 간 대화의 길을 열었기 때문이다. 이는 '존재유비'의 가톨릭 신학이 말하는 포괄주의 입장과도 변별되었다. 여타 종교를 경험적으로 접근하여 알려고

하는 노력을 우선했던 까닭이다. 이 점에서 필자는 연역법에 근거한 대륙의 기독교가 아니라 경험론을 앞세운 영국 감리교회의 영향사가 아닐까 생각해 본다. 이런 최병헌이 정동교회 한국인 최초 목사가 되었고, 협성신학교 교수가 되었기에 그의 사상은 이후 감리교의 학풍으로 자리 잡을 수 있었다. 후술하겠지만 공과 화, 장점과 단점이 함께 이어져 내려온 것이다. 기독교사회주의자로 변신한 손정도, 김창준 역시 최병헌과 더불어 정동교회에서 동역한 바 있었기에 이들 간의 영향사 역시 주목할 필요가 있다. 토착화 사조의 한계를 넘어설 필요가 있기 때문이다.

　탁사의 영향력은 여러 면에서 '최초'의 타이틀을 많이 지닌 정경옥(1903~1945) 목사를 통해서 이어졌다. 신학 전공자로서 처음 미국 유학을 갔고, 한국인 최초로『기독교신학 개론』(1939)을 집필했기 때문이다. 3.1선언 이후 보수화된 개신교 분위기 탓에 그 역시 몇 차례 감신 교수직을 잃을 위기에 처했었다. 교수 생활 5년 만에 스스로 학교를 떠나 자신의 고향 전남 진도에서 머물렀다. 건강이 여의치 않아 42세 나이로 일찍 세상을 떠 천재 신학자로서의 면모를 충분히 남기지 못한 것이 안타깝다. 그가 펼친 조직신학은 다음 말에 기초되어 있다. "특별계시를 인정한다고 하여 일반계시를 부정할 이유가 없다"는 것이다. 주지하듯 기독교는 예수를 신의 절대적 계시로 믿은 종교이다. 종교개혁 이후 개신교 신학은 바로 '신앙유비'

란 이름하에 이 원리에 기초했다. 하지만 정경옥은 이런 특별계시인 예수를 믿어도 일반계시, 예컨대 아시아의 종교들, 인간의 양심, 자연의 능동성 등을 부정할 수 없다고 천명한 것이다. 지금으로선 이런 주장이 낯설지 않겠으나 선교사들이 지배하던 당시 교회 풍토에서 입 벙긋하기 쉽지 않은 이야기였다. 이런 주장은 의심할 나위 없이 최병헌 생각의 확장이었다. '만종'의 종교들을 일반계시로서 신학적 주제로 삼았던 까닭이다. 제 종교를 신학적 주제로 다룰 수 있는 학자적 소양의 표현이었다. 이에 더해 일반계시는 서구에 대한 한국을 뜻하기도 했다. 독립운동을 통한 옥살이 경험에 근거한 것일 수도 있겠다. 정경옥이 '시대화'와 '향토화'를 자신의 신학적 사명으로 삼았던 것도 이런 연유에서다. 시대화란 민족의 개화이자 독립일 것이며, 향토화란 토착화를 뜻하는 그 고유한 언어라 볼 수 있겠다. 하지만 이른 타계로 생각이 그치고 말았으니 아쉽기 그지없다. 만약 그가 길게 신학 활동을 했다면 1901년생들인 김재준, 함석헌, 김교신 이상으로 업적을 남겼을 것이라 확신한다.

다음으로 정경옥과 여러 면에서 성격을 달리하는 목회자 이용도 (1901~1933)를 언급하지 않을 수 없다. 신학자는 아니었으나 시대를 이끌었던 그의 영성은 목회 현장에서 토착화의 진면목을 보여주었다. 그가 추구한 영적 기독교는 합리적 이성을 갖고 기독교를 이해하던 무교회주의자 김교신조차 부러워할 정도였다. 이용도 또한 김교신의 신학 활동을 높게 평가하며 당시 금서였던 「성서조선」을 자신의 발걸음이 닿는 곳마다 소개했으니 상호 차이가 무색했다. 이용도를 이렇게 만든 이면에는 승마勝魔 체험이 자리했다. 윤석열 정권하에서 무속의 정치화 논란이 뜨겁지만 본래 무속은 민중들의 삶의 방식이었다. 그 요체는 하늘과 자연과 사람 간의 합일 체험에 있었다. 하지만 이용도의 체험은 그리스도의 삶과 하나 된 '그리스도 신비주의'라 할 것이다. 교파주의에 물든 당시의 교권주의자들이 이용도를 이단시했고 감리교단에서 면직시켰으나 이용도는 교파, 지역, 반상, 남녀 불문한 채 그리스도를 자신의 삶으로 전했다. 33세 나이로 운명했기에 그 역시 남긴 것이 적었지만 그의 영적 기독교 운동은 후술할 자생적 그리스도환원운동과 결과 맥이 같았다. 교파를 초월한 이용도의 영적 기독교는 직간접적으로 그리스도환원운동의 토대가 된 것이다.

이들을 잇는 다음 세대의 토착화신학자들, 즉 윤성범, 유동식, 변선환에 대한 논의는 잠시 뒤로 하고 여기서는 최병헌 이후 토착화론에 따라붙는 평가에 주목할 것이다. 2세대 토착화론 자들 역시 이런 평가로부터 자유롭지 못할 것이기 때문이다. 개화와 독립을 위한 기독교가 되길 원했던 최병헌류의 토착화 사조의 장점은 충분하다. 하지만 애시당초 민족주의적 입장을 지녔기에 동일 시각에서 비판, 성찰할 점도 적지 않다. 주지하듯 토착화 사조는 기독교를 비롯하여 서구 것의 이식土着에 관심했기에 우리 민족과 문화의 능력

자체土着를 신뢰하지 않았다. 그렇기에 최병헌은 동시대적인 자생적 개벽 사상, 곧 동학 천도교에 대해 적대적이었다. 토착화론자들에게 오랜 세월 이 땅에 정착한 유불선은 중요했지만, 자생적 신생 종교인 동학은 내쳐질 대상이었던 것이다. 유불선 종교들의 경우도 역시 그 자체의 능력보다 기독교의 역할에 방점이 찍혔다. 기독교를 통해서만 이들 생명력이 복원될 수 있다고 본 것이다. 이들 종교들을 과거의 종교로 한정시킨 결과였다. 다소 후대지만 일제의 식민사관에 맞서 그리고 민족주의자들의 영웅사관과도 달리 『성서로 본 조선 역사』를 썼던 함석헌의 역사관도 같은 맥락에서 성찰할 사안이다. 큰 의미를 지닌 책이지만 '我아'와 '非我비아'의 투쟁사로서 민족사관과 좀 더 정직하게 씨름했어야 했다. 신채호에게 있어 '아'의 의미가 함석헌의 '씨울'과 크게 다르지 않기 때문이다. 이와 더불어 토착화론이 처음부터 식자 중심의 기독교였을 뿐 정작 민중적 삶과는 거리가 멀었던 점도 성찰, 적시할 필요가 있다. 이용도의 경우는 다소 예외일 것이나 토착화 사조는 지속적으로 계급의식에 둔감했다. 이들이 후일 사회주의는 물론 기독교사회주의 입장과 갈등했던 것도 이런 이유에서였다. 이 땅의 문화, 종교에 관심할 뿐 정치 현실에 낯선 토착화신학은 80년대 이후 민중신학의 비판 대상이 될 수밖에 없었다. 그럼에도 불구하고 토착화 사조는 신학의 자유성을 맘껏 강조할 수 있었다. 교리적, 서구적 신학 틀에 얽매지 않고 자유롭게 상상할 수 있는 학문성을 보장했던 것이다. 서구와 다른 체계를 지닌 소위 '한국적 신학'을 주제로 한 서적을 많이 출판한 것도 이런 연유에서였다. 정작 현실 교회와는 갈등했지만, 신학의 사회적 저변 확대를 위해 기여한 바가 컸던 것이다. 하지만 이 역시 부르주아적 자유였다는 비판도 받아야만 했다. 소시민적 자유는 세상을 조금도 바꿀 수 없었기 때문이다. 우리가 책 말미에 신학자 이신을 통섭의 신학자로서 재평가하려는 것은 결국 토착화 사조의 이런 한계를 극복할 목적에서다.

말한대로 1세대 토착화신학(목회)자들의 사상적 에토스를 이었던 2세대 신학자들, 필자의 직접 스승들의 토착화론을 살펴보겠다. 1930년대 초반까지 전개된 첫 세대 토착화론이 1950년대 말경 유동식, 윤성범 그리고 이들보다 조금 늦었으나 변선환으로 계승되었다. 필자가 여기서 토착화 2세대의 생각까지 정리하는 것은 본디 감리교를 배경했고 이들과 동시대에 활동했으나 그리스도환원운동에 몸담았던 이신과의 변별력을 드러내기 위함이다.

민족주의 틀거지하에서 기독교를 수용했던 선배들을 좇아 유동식(1922~2022)은 토착화론을 힘껏 전개시켰다. 토착화론의 성서적 토대를 밝힌 그만한 학자를 아직까지 찾을 수 없다. 하지만 그는 당대 독재가 난무하는 정치 현실, 값싼 노동력으로 내몰린 인간의 비극에 대해 말하지 않았다. 나라를 빼앗겨본 자신들 세대의 시각에서 볼 때 "내부적인 정치, 경제 갈등은 상대적으로 소소한 문제로 여겨졌다"고 했다. 앞서 보았듯이 이런 경향성은 해방 전후로 우익 민족주의자들에게 나타난 공통된 감각이라 할 것이다. 하여 그는 무속 연구를 통해 성서의 본뜻을 밝히는 성서학자이자 문화신학자의 길을 좌고우면하지 않고 걸었다. 그에게 무속은 민족 고유한 종교성으로서 '풍류'와 치환될 수 있는 개념이다. 당나라 유학에서 돌아온 고운 최치원의 눈에 이것은 유불선을 포함하되 그것으로 환원될 수 없는 고유한 것으로 여겨졌다. 유불선 3교를 포함하는(包含三敎포함삼교) 풍류는 접촉하는 사람이나 사물에게 생명을 부여하여 (接化群生접화군생) 세상을 널리 이롭게 하는 힘(弘益人間홍익인간)을 지녔다고 믿었다. 이를 근거로 유동식은 이 땅에 유입된 기독교에게 뿌리(밑둥)로만 존재하는 풍류에 접합하여 초월과 현실을 아우르는 멋진 삶—한 멋진 삶—을 펼칠 과제를 제시했다. 이런저런 이유로 현실태(Reality)가 되지 못한 풍류의 재활성화가 그에게는 선교이자 기독교가 존재할 이유였던 것이다. 여기서 유동식은 이전 선배들처럼 풍류의 선험적 가치를 중시했다. 풍류는 선교의 대상이 아니라 살려내야 할 가치라 역설한 것이다. 단지 풍류 그 스스로는 힘을 잃었기에 기독교에게 접목되어야 자신을 소생시킬 수 있다고 믿었다. 그렇기에 우리 민족은 구약성서 없이도 풍류를 통해 그리스도에게 이를 수 있다고 말하였다. 하지만 방점은 오로지 그리스도에게 찍혀 있었다. 민족의 정신성은 인정하되 이를 완성시키는 힘은 오로지 그리스도에게 있다고 본 것이다. 그렇기에 유동식 역시 유교와 불교를 과거의 종교로만 인식했다. 한때 초월(한)을 강조했던 불교, 현실(삶)을 역설했던 유교의 역할은 끝났고, 이제는 성육신이 말하듯 초월과 현실, 양자를 결합시켜 멋을 창조하는 기독교적 세상이 필요하다는 것이다. 이로써 유동식은 종교다원주의를 비판할 수 있었고, 문화신학자로서 기독교 내에서 큰 위상을 얻게 되었다. 최근 백수를 맞아 후학들이 그의 풍류신학을 재평가한 것도 이런 선상에서였다. 하지만 그의 풍류신학은 앞선 토착화 선배들에게 향했던 비판에서 자유로울 수 없다. 부조리한 현실을 무시한 종교성이 어찌 성립할 것이며 민족 주체성을 기독교가 이렇듯 부정 내지 상대화시킬 수 있는가, 나아가 기독교 핵심을 성육신이란 교리로 환원시켜 이해해도 좋은지에 대한 질문이 생겨날 수밖에 없는 탓이다. 이는 후기 기독교 시대를 사는 우리 문제이기도 하지만, 해방 전후 공간에서 우익 민족주의 경향을 띤 기독교에게 던지는 이 땅 사람들의 물음이기도 했다.

해천 윤성범(1916~1980)은 유교, 특히 율곡의 성리학적 틀에서 기독교 복음을 설명코자 한 천재적 신학자였다. 성서신학자로서 유동식이 무속을 앞세웠다면 조직신학자 윤성범은 유교를 기독교의 대화 파트너로 삼았다 하지만 실상 토착화에 대한 이들의 내적 지향성은 많이 다르지 않았다. 윤성범 역시도 이 땅에 심어진 복음이란 '씨앗'이 땅의 풍토와 성질에 따라 서구와는 다른 향과 색을 낼

수 있음을 강조했다. 복음의 능동적 주체성만큼이나 토양의 능동성
역시 역설한 것이다. 이는 당대의 보수적 기독교인들이 주장한 소위
'화분'론과 대별되었다. 이들은 서구 기독교를 완결된 것으로 여겼
고, '화분'에 담겨 전래되었기에 생육시키는 것만을 기독교의 할
일이라 여겼다. 서구 기독교의 문화, 의식, 건축 양식까지 그대로
수용코자 했던 것이다. 그렇기에 윤성범은 이들로부터 혼합주의자
란 비판에 자주 시달렸다. 이런 혹평 탓에 그는 신정통주의 신학자
칼 바르트의 '계시신학'에 잇대어 자신의 토착화론을 재구성했다.
오해 소지를 불식시킬 수 있는 방법을 생각한 것이다. 주지하듯
윤성범은 유교의 핵심을 『중용中庸』에 나오는 성誠이라 여겼다. '불성
무물不誠無物', 즉 "성이 없으면 세상에 어떤 생명, 어떤 물건도 존재할
수 없다"는 말에 주목했던 것이다. 유교에게 하늘은 진실 무망한
誠의 본체誠者이고 인간은 그 하늘을 좇아 誠하려는 성지자誠之者였다.
誠이 없는 세상은 생각할 수도, 존재할 수도 없다는 것이『중용』의
핵심 요지이다. 여기서 윤성범은 '誠'을 세상이 오로지 "말씀으로
창조되었다"는 칼 바르트 계시신학과 접목시켰다. '자연신학' 논쟁
에서 밝혀지듯 그리스도의 계시 사건 없이는 세상은 아무것도 아니
라는 계시실증주의를 소환한 것이다. 하지만 이 과정에서 이 땅의
주체성, 능동성은 소멸되었다. 오로지 그것이 기독교 계시, 말씀
사건과 정합성을 갖느냐의 여부에만 관심했던 탓이었다. 이로써
이 땅의 능동성은 기독교 복음의 절대성에 포섭되고 말았다. 그럼에

도 윤성범은 정작 유교적 '誠'을 계시와 등가로 보았기에 초기 입장과 단절되지 않았음을 주장했다. 인류 미래를 위해 서구 기독교의 개인주의 윤리가 유교의 공동체적 윤리로 보충되기를 바랐으며 예수의 십자가를 신의 뜻과 자신의 뜻을 일치시킨 '孝'로 보았기 때문이다. 예수를 모름지기 유교적 '효자'로 봤으니 일리가 없지 않을 것이다. 하지만 총체적으로 윤성범은 유교를 기독교라는 틀로 재구성하는 일에 머물렀다. 따라서 윤성범의 '誠'은 유동식의 '풍류'만큼이나 역사적 현실에 기반하지 않았고, 민족적 주체성이라 말하기 어려울 만큼 기독교적 색채가 강했다.

이에 반해 변선환(1927~1995)은 기독교 이후 시대의 시각에서 기독교를 바라봤고, 서구 종교다원주의 사조의 빛에서 이를 조망했다. 신학의 안테나로 불릴 만큼 기독교 이후 시대의 제 신학 사조를 누구보다 앞서 배우고 익힌 결과였다. 주지하듯 이미 그는 유학 시절 스위스 바젤대학에서 기독교 절대성과 배타성의 근거인 그리스도 '케리그마'조차 비신화시키는 '비케리그마화'(*Entkerygmatizierung*)의 신학 사조를 배웠다. 기독교 서구에는 성서적 그리스도가 절대적일 수 있겠지만 아시아 지역에선 그들 전통 속에서 '그리스도'를 찾아야 한다는 것이 '비케리그마화' 신학의 핵심이자 골자였던 것이다. 이에 변선환이 붙잡은 것은 무속과 유교를 택한 그의 선배들과 달리 불교였다. 기독교의 역사성을 불교적 관점에서 재 서술한 것이 박사 논문의 주제였고, 귀국 후 선불교의 '空' 사상과 기독교의 '십자가'를 참된 자기 이해의 상징으로 비교하며 자신의 논지를 펼쳐 나갔다. 이 모두는 그가 수용했던 프릿츠 부리(Frantz Buri) 교수의 비케리그마 신학의 오롯한 영향 탓이었다. 이 시기까지 변선환은 기독교가 동양을 완성시킨다는 기독교 서구의 우월성을 버리지 못했다. 하지만 변선환은 이에 머물지 않았다. 신 중심적 서구 종교다원주의 사조를 누구보다 더 깊게 수용한 결과였다. 비케리그마 신학이 이런 종교다원주의 사조와의 만남을 용이하게 했던 측면도 있다. 그럼에도 어느 종교도 진리(궁극적 실재)를 독점할 수 없다는 신 중심적 종교다원주의 이론은 결정적으로 아시아적 주체성을 재발견토록 견인했던 것이다. 이로부터 변선환은 다음 몇 가지 측면에서 자신의 초기 사상과 결별했다. 우선 지금껏 서구 기독교를 텍스트로 삼았고 아시아 및 한국 종교를 각주로 이용했다면 이제 그 주객의 위치를 바꿀 수 있었다. 그의 말로 표현하면 서구 신학을 이제 한국 종교 이해를 위한 각주로 여기게 된 것이다. 그가 생애 말기에 민중불교는 물론 한국적 불교라 일컬어지는 원불교 연구에 집중한 것도 이런 이유에서다. 이렇듯 신학함에 있어서 주객의 위치를 뒤바꾼 것은 토착화신학의 진일보이자 획기적 사건이라 하겠다. 토착화신학사에서 최초로 한국적 주체성이 각인된 까닭이다. 동시에 변선환은 민중신학의 도전을 수용하여 종교성과 함께 민중성에도 관심했다. 아시아 신학자 A. 피어리스의 말로 변선환의 의중을 거칠게나마 소환해 본다. "서구 신학이 아시아에 유입되려면 아시아의 종교성과 민중성에 세례를 받지 않으면 아니 될 것이다." 아시아 종교성으로 기독교를 재구성하되 아시아의 민중성과 짝하여 그들을 해방시키는 과제가 토착화신학의 몫이란 것이다. 이로써 해방의 주체는 서구 기독교가 아니라 토착화된 아시아(한국)적 기독교가 되었다. 이렇게 해서 나온 것이 바로 말년의 종교 해방신학이었다. 민족주의 계열의 신학으로서 토착화신학은 이렇듯 변선환에 이르러 새로운 면모를 보이기 시작했다. 비록 그 자신은 이로 인해 평생 몸담았던 감리교로부터 출교를 당했지만 말이다. 변선환과 후술할 이신이 상호 교감하며 친분을 맺었던 이면에는 이런 사상적 교감이 자리했을 것이다.

이상으로 토착화신학의 흐름을 짧게나마 서술했다. 단순히 신학사의 관점에서만이 아니라 그것이 해방 전후 공간에서 우익 민족주의 시각을 견지했음을 밝힌 것이다. 지금껏 필자 역시도 토착화신학을 한국 교회사 틀 안에서 생각해 왔었다. 하지만 이 땅의 신학사가 한국(민족)사의 영향을 떠날 수 없는 것이기에 양자의 관계를 먼저 배워야 했음에도 신학교는 한국 역사를 옳게 가르치지 않았다. 이스라엘 역사를 더 중시했고, 서구 역사 및 사상사에 많은 시간을 할애했다. 그런 와중에서 우리 사고 체제가 온전히 서구화되고 말았다. 일본 제국주의에는 저항했지만 저항 이후 빈자리를 서구적 가치로

메웠던 것이다. 이런 차원에서 토착화신학 사조는 민족의 얼과 혼을 지키고자 했던 독특한 흐름이었다. 하지만 민족사의 큰 틀에서 볼 때 이들 역시 우리 역사를 기독교 관점에서 읽고 살폈을 뿐이다. 서구는 상대화했지만 기독교는 여전히 절대적이었다. 그렇기에 토착화론 자들은 불교, 유교계의 갱신을 위한 몸부림을 중시하지 않았다. 이 땅의 종교를 부정하지는 않았지만 최소한 이웃으로 여기지 못한 것이다. 이 점에서 토착화론은 자연신학(Analogia entis)을 표방한 가톨릭적 '포괄주의'의 범주로 이해되곤 했다. 그들 스스로 이해되지 않았고 서구 기독교가 보는 대로 이해된 까닭이다. 지난 글에서 보았듯이 변선환에 이르러 토착화론은 비로소 한국적 종교성—민중성을 포함하여—을 신학의 전면에 내세울 수 있었다.

최근 읽은 책 『26일 동안의 광복』*에 의하면 해방공간 내에 급진적 민족주의, 우익적 자본주의, 사회주의, 좌우합작론 등이 공존했었다. 각 사조를 대표하는 걸쭉한 인물들이 있어 각축하며 해방 이후를 책임지려 했으나 서로 협력하지 못한 결과 결국 미군정의 지배를 받게 되었다는 것이 본 책의 골자이다. 토착화론을 표방한 기독교는 해방 전후 공간에서 급진적 민족주의와 우익적 자본주의 세력과 교감했다. 달리 말하면 사회주의, 좌우합작 세력과는 결코 조우할 수 없었다는 뜻이겠다. 3.1혁명 이후 이미 신간회를 통해

---

* 길윤형, 『26일 동안의 광복』(서해문집, 2020).

좌우가 협력한 경험을 지녔음에도 그 우익 민족적 지향성 탓에 사회주의 시각을 실종시킨 것이다. 이 점에서 다음 장에서 언급할 기독교사회주의 출현을 중시해야 한다. 이들은 토착화 사조처럼 민족을이념에서가 아니라 일제에 수탈당한 이들 현실에서 살폈던 것이다. 비록 기독교와 사회주의 만남의 강도가 약할지라도 이들 간 조우의역사는 남북 대립의 상황에서 민족 미래를 위해 유의미하다. 동시에민족사는 물론 한국 교회사에서조차 폄하되었던 그리스도환원운동또한 의미가 덜하지 않다. 기독교 근원을 추구하며 동서양의 공간적, 사상적 차이를 넘어서고자 했기 때문이다. 앞선 토착화론과는 결과맥이 다소 다르지만 우익적 민족주의 범주하에서 생기한 소위 다석학파 학파의 기독교 또한 언급할 필요가 있다. 다석 유영모와 함석헌그리고 김흥호를 짧게라도 연결 지어 사상사적 좌표를 말해야겠다.

다석 사상을 기독교 지평 안에서 이해할지 아니면 밖으로 확장시킬지 여러 의견이 있는 줄 안다. 하지만 다석 연구자들이 주로 기독교인들이고 그 역시 유불선 모두를 기독교만큼 계시 받을 것은 다 받은 종교라 했지만, 예수를 유일무이한 스승—전통적인 구세주 개념 대신—으로 삼았으니 기독교적 범주 안에서 이해해도 좋겠다. 그럼에도 다석을 비롯한 그의 제자들을 토착화 그룹에 넣기 주저되는 이유는 이들은 상호 혹은 시기적으로 차이가 있지만 종교로서기독교를 절대화하지 않았고, '민족' 혹은 '씨ㅇ'을 우선했기 때문이다. 하지만 이들에게서도 여전히 사회주의 요소를 찾을 수는 없었다. 이런 이유로 필자는 이들을 우익 민족주의 계통과는 변별된 '근본적' 민족주의 계열의 사상가로 분류코자 한다. 다석 사상의 폭과 깊이가 남달라 쉽게 논하기 어렵겠으나 그의 한글 이해 속에 모든 것이 담겼다고 보기 때문이다. 다석이 『도덕경道德經』을 비롯하여 유교, 불교 경전 여럿을 전부 또는 부분적으로 독특한 한글로 번역했지만, 그 모든 것은 『천부경天符經』의 풀이와 직결, 소통된다. 가장 늦은 번역이었지만 다석은 지금껏 했던 말과 뜻을 모두 이 책 풀이 속에 담아냈다. 한글을 '天文천문', "사람을 하늘로 이끄는" 하늘 글자로 본 것 또한 『천부경』의 삼재론三才論에 빚진 결과였다. 이 모두는 대종교 사람들과 교제했고 역사를 '我'와 '非我'의 투쟁으로 봤던 신채호와 만남, 즉 민족주의의 영향 탓일 것이다. 그럼에도 불구하고 다석—함석헌 역시도—의 동학에 대한 평가가 아주 인색한 것에 놀라지 않을 수 없다. 최초로 한글을 사용하여 사상을 한국적으로 표출한 종교가 바로 동학이란 생각 때문이다. 하지만 다석 사상, 수운의 동학, 최치원의 包含三教포함삼교(현묘지도) 사상이 내적으로 연결되어 『천부경』에까지 이르고 있다는 것이 필자의 소견이다. 주지하듯 상중하경上中下經으로 구성된 『천부경』 속에 천지인 삼재론이 핵심이다. 하늘과 땅과 사람이 한글의 모음이 된 것이다. 다석은 천지인(天地人) 이 셋을 십자가로 풀어냈다. 세상(-)을 뚫고 위로 오르는(I) 인간이 맞닥트리는 지점(·)이 바로 십자가인 바 삼재론

을 그 기표로 보았다. 『천부경』에서는 이를 '人中天地──^{인중천지일}'이
라 말했던 바, 사람 속에서 하늘과 땅이 하나된 상태가 바로 십자가를
일컬었다. 그렇기에 삼재론을 모음^{母音}, 어머니 소리로 여긴 한글이
인간을 하늘로 이끄는 천문이 될 수 있었다. 하지만 다석의 십자가는
"몸 줄여 마음 늘리는" 일로서 유불선과 소통되는 개념이었다. 이를
위해 그는 하루 한 끼 먹었고 늘 걸어 다녔으며, 언제든 생각했고,
남녀의 관계를 끊고 살았다. 기독교가 절대화시킨 대속 사상을 상대
화시켰던 것이다. 남의 생명을 먹고 사는 일상이 대속의 삶이며
자기 생명을 바치는 것을 기독교의 십자가라 했고, 이 지점에서
일체의 종교가 하나가 될 수 있다고 확신했다. 여기서 우리는 다석의
기독교 이해가 앞선 토착화론 자들과 변별되었고, 그들에 비해 훨씬
더 민족적 차원을 강조했다고 평가할 수 있다.

함석헌 역시 유영모를 많이 닮았으나 인간 본성이 아니라 민족
역사를 자신의 생각의 단초로 삼았기에 지평이 달라졌다. 한 개인의
'바탈'을 역사 속 '뜻'으로 확장시킨 결과였다. 그의 스승 유영모를
능가하는 사상적 측면을 지녔지만 스승과의 인간적 결별이 후학들
로선 많이 아쉽다. 함석헌의 사상적 변천은 그가 관여한 잡지들을
통해서 나타난다. 처음 「성서조선」을 통해 "뜻(성서)으로 본 한국(조
선)역사"를 연재했던 시기, 「사상계」를 통해서 기독교와 독재정권
에 비판적 글을 쓰던 시기 그리고 본인이 만든 「씨올의 소리」를
통해서 기독교 지평을 맘껏 넓히며 동양 고전 풀이에 전념했던 시기

로 대별될 수 있다. 말년의 함석헌은 퀘이커 신도로 살았기에 인습적 기독교로부터 자유할 수 있었다. 퀘이커적 기독교가 동양적 속성을 품었던 까닭이다. 주지하듯 함석헌은 당시 유학생들과 달리 사회주의자로 일탈(?)치 않고 기독교인으로 남았던 것을 고맙게 여겼다. 그가 한국 역사를 '성서'로 혹은 '뜻'의 시각에서 풀어낸 것도 이와 무관치 않다. 일본이 주입한 열등 사관과 저항적 민족주의자들의 영웅사관이 맞설 때 함석헌은 이 둘 모두를 성서적 시각에서 비판했다. 온갖 세상의 부조리를 위한 '희생'이라는 성서 모티브를 갖고서 일제하의 민족 사명을 일깨울 목적에서다. 일제 강점을 우리 못남 때문이 아니라 더 나은 세상을 위한 민족 차원의 십자가를 지는 일로 봤던 것이다. 이를 후일 '뜻'으로 확장시켜 보편화했고, 기독교 만이 아니라 유불선 모두가 이 땅에 존재할 이유가 여기에 있음을 역설했다. 그렇기에 '역사는 처음이 있어 마지막이 있는 것이 아니라 마지막이 있어 처음이 있는 것'이란 유명한 말을 남겼다. 영웅사관이 강조했던 역사의 '처음' 대신 '뜻', 곧 고난의 대속적 의미를 자각한 씨올 민중을 강조했고, 이들의 자발(능동)적 고난을 통해 역사가 완성된다는 것이다. 하지만 그는 당대 민족주의자 신채호의 '아와 비아'의 역사관을 좀 더 철저하게 읽었어야 했다. 민족사를 성서(뜻) 로 재개념화하는 것은 민족의 시각에서 볼 때 역사의 왜곡이자 곡해 일 수도 있기 때문이다. 신채호의 '아' 개념 속에 함석헌이 말한 '씨올' 의 능동성은 물론 세계성 역시 충족히 담겨있다.* 다행히도 이후 함석헌 또한 점차 스승처럼 그렇게 '대속' 개념으로부터 자유로워졌다. 모든 생명은 "스스로 그러한 것"이라는 동양적 사유의 영향 때문이다. 말년에 퀘이커 교도가 된 것도 이런 자각과 무관치 않을 것이다. '흰손'이란 시에서 보여지듯 대속 사상과의 거리 둠을 통해 함석헌은 포괄주의를 표방한 토착화론과도 변별될 수 있었다. 그럼에도 크게 보아 역사가들은 함석헌을 사회주의 시각이 부재한 우익 민족주의 계열의 기독교 사상가로 평가할 것이다. 대학 강단에서 가르쳤던 김홍호는 다석 유영모를 기독교 틀 안에서 이해하려고 평생 애를 썼던 목사였다. 성서와 동양 경전들을 함께 읽으면서 말씀 뜻을 자유자재로 교차시켰지만, 무게중심은 항시 기독교에 두었다. 유불선을 섭렵한 자신을 헬라 철학과 히브리 사상에 능통한 바울처럼 여겼던 것이다. 하지만 북에서 목사 아버지를 잃었던 김홍호는 반공주의 틀에서 자유롭지 못했다. 지면 부족으로 약술하는 것이 아쉽지만 다석학파는 종교 간 회통을 이뤘으나 동시대의 세속적 이념들과는 아쉽게도 척지고 말았다. 사회주의와의 연계성을 의식적으로 포기한 결과였다.

---

* 이정배, "함석헌 사상 속의 비판적 쟁점들," 강경석 외, 『개벽의 사상사』(창비, 2022), 251-276.

2장

좌익 사회주의와
기독교사회주의자들

이동휘

손정도

김창준

여운형

전덕기

강성갑

박순경

이번 장에서는 주제를 달리하여 기독교사회주의를 언급할 생각이다. 앞서 언급했던 토착화신학 사조에 견줄 때 그 흐름이 미비하고 실체 자체에 대한 논쟁이 있어 왔으나 필자는 이를 한국 신학의 핵심 광맥 중 하나라 평가하여 나름 채굴코자 한다. 민족주의와 사회주의가 함께 공존하던 해방 전후 공간에서 토착화 사조가 전자와 관계를 맺었다면 기독교사회주의는 의당 후자와 연결된 결과였다. 한국 근현대사 속에서 사회주의에 근거한 기독교가 있었다는 것은 기독교가 시대와 호흡하며 생존했다는 방증이다. 하지만 이 역시 방점을 기독교에 두었기에 사회주의자들 시각에서 만족스럽지 않았을 것이다. 그럼에도 민족주의, 사회주의, 기독교가 공존했던 당시 현실에서 기독교사회주의는 민족주의 기반에서 생기한 토착화신학만큼이나 중요하게 평가되어야 옳다. 더구나 사회주의라면 질색하며 거부하는 반공주의적인 한국 개신교 현실에서 말이다. 불행히도 지금껏 이 분야에 대한 연구가 한국 신학의 광맥에서 제외

될 만큼 소홀했다. 그래도 몇몇 기독교 역사학자들의 연구 덕에 그 흐름과 계보가 밝혀지고 있으니 고맙고 다행스런 일이다.

필자는 이 글을 20대 대선이 종료된 시점에서 쓰고 있다. 주지하 듯 윤석렬은 보수 기독교인들 지지를 받아 힘겹게 당선되었다. 개신 교의 폐해를 자양분 삼아 성장한 신천지 집단과 무속을 주술로 변질 시킨 사이비 종교인들이 개신교 성직자들과 합세하여 일조한 결과 였다. 상대편 후보 이재명이 기본소득을 말하며 체제 변화를 시도하 자 그것을 공산 체제, 사회주의 국가로의 퇴행이라 보고 공격했다. 그렇게 적대시했던 신천지는 물론 우상 타파의 대상이던 주술도 공산주의보다는 나을 것이란 이유를 대면서 말이다. 이념으로 나뉜 베를린 장벽 무너진 지 오래지만 고착화된 분단 체제는 공산주의 이념, 사회주의 체제를 악이라 규정했고, 신의 이름 빌려 교회가 이 일에 앞장섰다. 무엇보다 지울 수 없는 한국전쟁의 아픈 상흔 때문일 것이라 추측한다. 그러나 실상 이런 이념 지향성은 이미 한국전쟁 이전에 확립되었다. 우리는 친일 부역자들이 미군정 체제 하에서 반공을 앞세워 지속적으로 자신들 과거 행적을 미화시킨 역사를 알고 있다. 3.1정신을 스스로 부정하며 일본 문화정책에 동조했던 기독교인들 상당수도 이런 부류에 속했다. 하지만 좌익은 일제와 타협한 우익 민족주의 내지 기독교 집단과 많이 달랐다. 타협치 않았기에 이들이 당한 고초는 우익 진영보다 훨씬 심했고 기독교인들을 능가했다. 이런 실상은 어렵게 완성된 친일 인명사전을 통해 쉽게 확인할 수 있다. 이 점에서 한국전쟁을 동서 이념 대결로 보는 시각 이상으로 친일 국가로 변질된 남쪽을 향한 북의 응징 시각에서 보는 관점도 있다. 이는 한국전쟁 전문연구가인 브루스 커밍스의 고견 중 일부이다.* 그렇기에 북을 저주, 거부하기 전에 민족을 배반한 우리 속의 타자를 거듭 성찰하는 일이 매우 중요하다. 외세라는 원심력과 민족 주체라는 구심력 간의 적절한 조화가 더없이 필요한 시점인 까닭이다. 이는 역사 속에서 작동했던 사회주의 이념에 대한 여실한 학습을 통해 얻을 수 있는 지혜라 생각한다. 이 점에서 오로지 반공 이념에 잇댄 윤석열 당선자의 친미적, 반북한적 외교, 통일 정책에 우려가 깊다.

사회주의, 나아가 기독교사회주의 이념을 중시하는 또 다른 중요 이유가 있다. 사회주의가 자본주의 체제를 쉽게 대체할 것이라 믿지 않지만, 그 몰락 징조들—기후 붕괴 및 양극화, 팬데믹 등—이 부상하는 현실에서 그의 중요성이 함께 부각되는 까닭이다. 신자유주의 이념과 결탁한 작금의 자본주의는 인류의 미래를 책임질 수 없다. 한국의 경우 불평등 지수가 프랑스 대혁명 시기보다 훨씬 높다고 하니 그 심각성에 크게 놀란다. 2050년 거주 불가능한 지구가 된다는 환경론자들의 경고에 한국의 책임도 작지 않다. 사회주의 이념이 역사적 시공간에서 실패했지만 우리는 이를 결코 지나간 퇴물로만

---

* 브루스 커밍스/김자동 역, 『한국전쟁의 기원』(일월서각, 1986).

여길 수 없다. 자연 생태계를 살리고 빈부 격차를 줄이는 일에 인류 역사 속 석과불식碩果不食의 차원에서 사회주의가 기여할 바가 있을 것이다. 더욱이 그것이 기독교와 사상적으로 연결되었을 때 상승효과는 더욱 커질 수 있다. 지구적 차원의 위기는 기술 공학적 차원에서 해결될 수 없고 우리의 생각과 삶 자체가 달라질 것을 요구한다. 지금처럼 자본화된 기독교가 세상을 구원할 수 있다는 것도 허언 중의 허언일 뿐이다. 이런 현실에서 지난 세기 초엽 기독교사회주의가 기독교 내부에 존재했다는 사실에 대해 크게 고마움을 느낀다. 기독교 사회주의는 1920~30년대 즈음 민중, 민족 현실에 둔감했던 교회에 대한 비판에서 비롯한 것인 만큼 작금의 현실에 할 말이 많다. 이런 기독교사회주의 사조가 토착화 전통을 이끈 감리교 풍토에서 나왔다는 것도 특기할 만한 사실이다. 기독교사회주의를 대표하는 손정도 목사가 중요한 이유이다. 앞선 글에서 적시했듯이 손정도는 정동 교회에서 탁사 최병헌과 함께 목회한 적이 있었던 바, 이들 간의 사상적 교류도 가늠할 필요가 있다. 단지 기독교사회주의가 정작 당대 사회주의의 시각에서 어찌 평가될지는 비판적으로 살필 사안이다. 따라서 기독교사회주의 언술 이전에 조선 땅에서 사회주의가 수용, 전개된 경로를 대략적이나마 서술하겠다.

익히 알듯 서구 열강에 의해 청나라가 분리, 지배되는 현실을 막고자 중국에서는 신해혁명(1903~1913)이 일어났다. 개혁과 혁명의 노선 차가 있었고, 남북의 대립이 있었지만, 신해혁명을 통해 중국은 외세에 의한 분할 통치를 막고자 했고, 막을 수 있었다. 하지만 권력 다툼 와중에 중국은 공산화되었고, 그 힘으로 서구와 맞섰다. 당시 조선인들 중에서 공산당에 가입한 사람들이 적지 않았는데 이들 승리가 조선의 독립을 가져올 것이라 믿었던 까닭이다. 후일 여운형이 손문은 물론 모택동 등과 개인적 친분을 맺은 것도 이런 역사적 배경에서 비롯했다. 이렇듯 민족 해방을 위해 중국 공산당에 가입, 활동했던 이들이 사회주의를 표방한 첫 번째 세대였다. 이들에 이어 두 번째 세대로 연해주 지역으로 이주했던 한인 디아스포라의 경우를 말할 수 있겠다. 이들은 소련 땅 연해주에서 소련 공산주의 혁명, 소위 볼세비키혁명(1917)을 경험했던 사람들이었다. 자본주의 체제와 맞섰던 소련을 배경 삼았기에 공산주의를 이해하는 방식에서 차이가 났다. 중국의 경우 민족 독립 및 자주에 방점이 찍혔다면, 소련 공산주의는 민중(프롤레타리아)해방을 강조했다. 이는 제국 대신 민국의 선포와 함께 계급, 신분, 남녀, 국적 차 일체를 제거한 3.1선언서의 핵심 주제와 유사했다. 민족 속 민중(계급)적 현실이 이들 눈을 통해 새삼 포착되었던 것이다. 고려파 공산주의를 이끌었던 강화 출신 이동휘가 대표적 인물이다. 이들의 시각을 갖고 현실을 살았던 기독교인들도 자연스레 생겨났다. 교회 대신 이중고를 겪었던 민중 삶을 위한 기독교, 그것을 기독교사회주의라 일컫는다. 세 번째 단계로 일본 유학생들을 통한 사회주의 수용을 들 수 있겠다.

이들에게 민족주의는 고루했고 기독교는 낯설었으며 사회주의는
매력적인 서구 신사조였다. 함석헌조차 한때 사회주의에 경도될
정도로 지식인들 사이에서 빠르게 확산되었다. 이들 중 이론적 차원
에 머무른 이들이 다수이나 북쪽을 조국으로 선택할 만큼 사회주의
자임을 표방하며 활동했던 숫자도 적지 않았다. 마지막으로 경성제
대를 중심으로 한 자생적 사회주의자들도 생겨났다. 일본 유학파들
과 달리 이들은 조선의 민족성을 부정하지 않았다. 사회주의와 기독
교의 만남처럼 그렇게 사회주의와 민족주의가 교감한 흔적을 남겼
던 것이다. 주체사상도 이런 배경에서 탄생될 수 있었다. 여하튼
이하에서 조선 땅의 최초 사회주의자들이 누구이며, 어떻게 수용되
었는지를 살필 것이다.

　얼마 전 박노자 교수의 신간『조선 사회주의자 열전』을 읽었다.*
8명의 사회주의자의 삶과 사상 그리고 활동을 소개한 책이 있다.
최근『세 여자』란 소설을 통해 알려진 여성 사회주의자이자 박헌영
의 아내였던 허정숙의 이야기도 소개되었다. 1948년 남쪽에서 우익
세력만으로 정부가 수립되었기에 이들 사회주의자들 면모는 완전
히 실종되었었다. 우리 역사에서 이들은 애당초 없었던 사람처럼
지워졌던 것이다. 그런데 박노자 교수가 이 시점에서 왜 이 사회주

* 박노자,『조선사회주의자 열전 ― 대안적 근대화를 모색한 선구자들, 그들의 삶과
  생각을 다시 찾아』(나무연필, 2021).

자들을 찾아 글을 썼는지 궁금했다. 필자의 생각과 다르지 않기에 그의 생각을 짧게 요약 정리해 보겠다. 새에게 두 날개가 있어야 하듯이 해방 후 정국에서 좌우익의 공존 부재를 그 역시 아쉬워했다. 그럴수록 사회주의는 20세기 한반도를 이해하기 위해서는 반드시 알아야 할 이념이라 했다. 우선 일본 식민화 과정을 긍정적으로 독해한 친일 지향적인 뉴 라이트 정치 세력에게 경종을 울릴 목적에 서였다. 한마디로 식민지 근대화론에 대한 비판이었다. 동시에 이 사회주의자들 중에서 새로운 사회뿐 아니라 서구적 '개인'과 다른 '신(新) 인간'이란 개념을 만든 것에 주목했다. 북에서 말한 '주체' 개념도 이런 선상에서 비롯했다고 봤다. 기독교 신학자 박순경이 기독교와의 대화를 위해 붙든 것도 바로 이 개념이었다. 자본주의 체제 속 인간상과 다른 면을 사회주의에서 찾았던 바, 그것이 기독교 적 인간 이해와 흡사함을 피력한 것이다. 그럼에도 사회주의자들은 서구 기독교 및 그들 자본주의는 물론 민족을 절대시한 민족주의자 들의 소위 '국학' 담론과도 결별했다. 새로운 인간상에 터해 보편적 세계사 속에서 조선을 달리 이해했기 때문이다. 바로 그 시각이 오늘 기후와 함께 자본주의 체제 붕괴가 예상되는 이 시대에 필요하 다는 것이 박노자의 생각이었다. 이런 사회주의 흐름을 역사가 도외 시하는 것은 비극이라 할 것이다.

이렇듯 일본 제국주의 시절 선각자 중에서 중국, 러시아 그리고 일본 등지에서 공산·사회주의를 수용했고 혹은 자생적으로 이를 학습한 이들이 적지 않았다. 우익 민족주의자들 이상으로 나라 독립을 위해 애썼고, 이를 위해 당시로선 기독교만큼이나 낯설었던 사회주의를 적극 수용했다. 하지만 독립운동을 위해서 사회주의를 방편 삼았다고 말할 수는 없을 것이다. 이들은 결코 그것만을 목적 삼지 않았다. 봉건 질서, 관습 타파에 관심했고, 민중들의 복지에 눈을 돌렸다. 민족이란 거대 담론보다 그 하층을 구성하는 빈자들, 곧 노동자, 농민의 삶을 개선코자 한 것이다. 언젠가 독립할 조선이 평등하게 재구성, 재탄생될 것을 기대하면서 말이다. 계급, 반상 구별을 철폐코자 선언했던 3.1정신의 실현을 위한 것이었다. 비록 남북 어느 곳에서도 환영받지 못했지만 자본주의적 서구와 다른 근대를 꿈꿨던 사회주의자들의 이상은 오늘 우리에게도 의미가 작지 않다. 자본주의를 비판해 온 프랑스 경제학자 피케티가 개발한 지수 '베타 값'이란 것이 있다.* 한 나라의 전체 자산 가치를 국민소득으로 나눈 값을 뜻하는 데 이 값이 높아질수록 자본에 비해 노동이 몫이 작아진다. 오늘 대한민국이 프랑스 대 혁명기였던 레미제라블 시대보다 이 값이 훨씬 높다는 것이 중론이다. 혁명이 일어나도 전혀 이상치 않은 현실이 된 것이다. 그렇기에 사회주의는 여전히 우리 시대에 의미가 크다. 출산율이 세계 최저인 이 땅의 미래를

---

* 김동진, 『피케티 패닉』(글항아리, 2014), 1장과 2장 내용.

위해서도 말이다. 당시 기독교인 중에서 사회주의 이상을 수용한 사람들이 있었다. 세상 저편만을 소망하며 교회에 안주한 기독교 신앙을 부끄럽게 여기며 사회주의 시각을 공유했던 후술할 소수의 사람들 말이다. 이들의 존재로 기독교는 민족사에 부끄럽지 않았다. 그럼에도 기독교사회주의는 공산주의 이념 자체에 경도되지 않았고, 기독교적인 방식으로 민중에게 다가섰다. 사회주의자들이 계급에 관심한 반면 이들은 이에 더해 민족에 무게를 실었기 때문에 이들 간 차이는 과소평가 될 수 없다.

필자는 2000년 봄 학기 동안 일본 동지사 대학교 신학부에 교환 교수로 간 적이 있었다. 그곳에서 배운 것 중 오늘 주제와 관련된 기억을 끄집어내 본다. 익히 알듯이 일본 교토에는 한국 경복궁과 같은 천황궁을 가운데 두고 저명한 두 대학교, 각기 서구의 두 사조인 기독교와 마르크시즘을 수용했던 동지사대학과 교토대학이 자리하고 있다. 이들 두 대학은 기독교와 마르크시즘을 앞세워 천황제를 부정해왔던 것으로 유명하다. 민족주의를 부정하나 동지사대학의 경우 나름의 토착화신학 전통이 살아 있고, 교토대학은 공산당 간부를 배출할 만큼 이념 지향성을 아직도 강하게 표출 중이다. 한국 조직신학회 회장 시절 필자는 몇 차례에 걸쳐 "민족주의를 넘어서"(Beyond Nationalism)란 주제로 한일 양국 신학자들이 모임을 가진 바 있었다. 민족주의는 의당 부정되어야겠지만 민족의 민족성과 기독교를 비롯한 서구 사상의 유관함을 부정할 수 없다는 의견을 상호 주고받았다. 실제로 기독교와 마르크시즘을 수용했던 일본인들의 마음 바탕이 본디 '양명학陽明學'인 것은 널리 알려진 사실이다. 주지하듯 양명학은 "사서삼경은 내 마음이 쓴 각주에 불과하다"고 말한 왕양명의 사상을 일컫는다. 객관적 진리보다 마음(양지)의 움직임을 중시한 결과였다. 이런 양명학이 조선에서는 배척되었으나 일본에서는 깊게 수용되었다. 일본적 기독교를 창시했던 우찌무라 간조 또한 기독교 수용 이전에 양명학에 심취한 학자였다. 양명학적 종교 배경이 천황제를 부정하는 새로운 일본적(토착적) 기독교의 토대가 된 것이다. 이렇듯 일본의 경우를 소개한 것은 다음 이유에서였다. 앞으로 다룰 기독교사회주의자들과 우익 민족주의 성향의 토착화 계열 신학자들과의 사상적 연관성을 말할 목적에서다. 기독교사회주의자들 다수는 이념적 사회주의자들과 달리 민족의 문화적 유산을 결코 내치지 않았다. 정동감리교회에서 탁사 최병헌과 만났던 손정도 목사가 대표적인 경우라 할 것이다. 이런 관점에서 향후 몇 차례에 걸쳐 기독교사회주의자들의 계보 및 그들 사상적 면모를 소개하겠다. 여기서는 우선 박노자가 쓴 『조선 사회주의자 열전』 속의 대표적 인물 몇 사람을 케이스별로 약술할 생각이다. 후술할 기독교사회주의자들과의 차이를 염두에 두면서 말이다.

『압박받는 고려인』의 저자 신남철(1907~1958)은 경성제대에서 일본인 마르크스주의자 교수로부터 사회주의를 배웠다. 위 책의 첫 인물로 중요하게 소개된 것은 그가 일본 식민화 과정 덕에 조선 자본주의가 발전했다는 소위 뉴 라이트 역사 인식을 신랄하게 깨부쉈기 때문이다. 그는 3.1혁명 좌절 이후 조선의 문학과 문화를 중시하는 국학(조선학) 사조에 부정적 견해를 밝히며 좌익 정당 활동에 몸담았다. 계급적 관점을 무시한 복고적 국학 담론에 동조할 수 없었던 탓이다. 사회 경제적 맥락을 거세한 조선의 민족 문학(문화)을 내세적으로 변질된 조선의 기독교만큼이나 반동으로 여겼다. 그렇기에 당대의 문인들, 단군신화를 중시했던 최남선과 이광수 등의 관념적 민족 담론을 거부했으며, 『풍토』란 책을 통해 민족의 특수성을 강변한 와쓰지 데쯔우르와 같은 일본 교토 학파 철학자들과도 각을 세울 수 있었다. 민족의 특수성보다 마르크스 역사관에 따른 보편법칙을 근거로 조선 역사의 재맥락화를 시도한 것이다. 생산 양식의 개혁을 통해 봉건 질서의 해체 및 서구 자본주의 붕괴를 이룰 때 조선의 미래가 있다고 믿었고 조선의 지식인들이 이 일에 앞장설 것을 강변했다. 이런 시각은 민족 특수성에 기반한 우익 민족주의뿐 아니라 그 계열 속의 토착화(기독교)신학자들 견해를 뒤집는 일이었다. 후일 월북하여 김일성대학에서 가르쳤던 그는 '주체 철학'의 기초를 놓기도 했다. 이렇듯 사회주의는 민족주의를 비판하며 자신의 입지를 굳혀갔다.

다음에 언급할 박치우(1909~1949) 역시도 그랬다. 소련에서 마르크스 레닌을 연구한 그는 유럽(파시즘) 및 아시아(군국주의)

도처에서 극우 민족주의자들이 일으킨 전쟁에 극히 비판적이었다. 비록 식민통치하에 있었지만 조선 역시 이런 민족주의에 희생되지 않기를 바랐기 때문이다. 박치우 부친은 평양노회 소속 목회자로서 시베리아 지역 고려인들을 위해 목회했다. 그곳에서 진보적인 캐나다 선교사를 만났기에 박치우는 정작 교리 중심적 기독교 틀에서 벗어날 수 있었다. 후일 기독교를 완전히 떠났지만, 박치우는 기독교인들 가운데 민족주의를 넘어서 사회주의와 결합된 경우라 할 것이다. 사회주의란 인간은 누구나 역사적, 사회적 맥락 밖에 존재할 수 없음을 전제한다. 그렇기에 기독교나 천도교 등에서 강조한 개성, 자아 그리고 개인과 같은 개념에 대해 항시 비판적이었다. 현실성과 역사성 부재의 관념적 추상적 서구 철학(M, 하이데거)에도 냉소적이었다. 자유 역시 추상적 개념이 아니라 역사적 맥락에서만 설명될 수 있다고 믿었다. 서구 부르주아적 자유를 세계의 노예화, 곧 약탈의 결과로 이해한 것이다. 따라서 그는 파시즘과 함께 자본주의 자체를 이론적으로 부정했다. 민족주의자들이 주도한 조선학 또한 비판의 대상이었다. 민족주의 문화론을 '고급스런 현실 도피'로 여겼다. 하지만 우익적 민족주의, 곧 회고적이며 탈역사적 민족 개념을 비판했을 뿐 민족국가 자체를 부정하지 않았다. 민주(자주)적 민족국가의 틀 속에서 계급의식을 발전을 기대한 것이다.

마지막으로 다룰 인물은 급진적 페미니스트 사회주의자 허정숙(1908~1991)이다. 월북하여 긴 세월 동안 살면서 요직을 맡았기에 그의 행적에 대한 기록이 많다. 본디 허정숙은 남녀 차별, 조혼 폐지, 이혼 등을 이슈화 시킨 남쪽 거주 자유주의적 여성해방론자였다. 하지만 급진적 페미니스트였음에도 월북 후 김일성 가부장제와 공존했다. 페미니스트 시각을 북쪽 가부장제 속에 편입시켰다는 긍정적 시각도 있다. 민족 변호사 허헌—이후 김일성 대학 총장을 역임—의 딸로서 본래 기독교적 배경을 지녔으나 일본 유학 시절 사회주의를 접했다. 부친 허헌과 친한 인물이 기독교사회주의의 첫 주자로 명명될 이동휘라는 사실도 이들의 종교적 배경을 가늠케 한다. 이동휘는 감리교 전도사로서 후일 연해주에서 고려파 공산당을 이끈 큰 존재였다. 여기서도 기독교와 사회주의 간의 역사적 연결고리를 찾을 수 있다. 사회주의와 접하면서 허정숙의 페미니즘도 이전과 방향을 달리했다. 경제적 독립을 여성해방의 단초라 믿었기에 자유주의 시각과 결별한 것이다. 마르크스 페미니즘의 시각으로 조선 여성의 억압, 착취 상황을 분석하는 일에 전념했다. 이 과정에서 자본주의사회 자체가 여성 노동력과 성을 사고파는 시장인 것을 파악했다. 한마디로 자본주의 사회가 여성에게 가난을 강요, 압박한다고 봤던 것이다. 결국 여성문제의 해결을 위해선 자본주의 제도 자체를 부정할 수밖에 없었다. 그렇기에 허정숙은 미국을 문명의 절정으로 보는 당대 시각 대신 자본주의적 '돈의 왕국'이라 부정 평가했다. 또한 여성의 전투 참여를 몸소 행하며 당연시했다. 오롯한 근본적 혁명을 위해서 소위 '여전사' 논리를 만든 것이다. 이는 결국 자신의 종교적 배경, 곧 기독교를 부정하는 입장으로 이어졌다. 기독교와 서구 자본주의를 함께 굴러가는 운명 공동체로 여겼던 탓이다. 이로써 허정숙은 후술할 기독교사회주의와의 확연한 분기점을 만들고 말았다. 달리 보면 계급을 앞세워 민족을 실종시킨 우를 범한 것일 수 있다.

앞서 언급했듯이 3.1혁명의 실패 이후 한국적 상황은 이전과 많이 달라졌다. 민족주의자들 경우 지금껏 독립 투쟁─저항적 민족주의─ 대신 일제의 문화 순응 정책에 따라 회고적 역사주의자들로 변신해 버렸다. 예외도 있었지만 과거 역사에 무게를 싣고 그를 현실을 견디는 (수동적) 방편으로 삼고자 한 것이다. 물론 이 민족주의자들은 조직과 기구를 통해 독립운동을 지속했으나 노선 차 및 기득권 싸움으로 제 역할에 소홀했다. 기독교 역시도 1919년 이전에 보였던 민족 독립을 위한 패기와 기상을 잃었다. 혁명의 실패 이후 천국 지향적인 내세 신앙을 기독교적 실존으로 삼았던 것이다. 당시 언론에서는 교회 울타리에 갇혀 하늘 쳐다보는 기독인들을 향해 가두(거리)로 뛰쳐나올 것을 요구한 바 있었다. 첫 주제였던 토착화론은 이와는 달랐지만, 현실 저항(역사) 대신 전통문화를 우선한 민족주의자들과 궤적을 같이 했다. 투쟁보다는 해석에 무게를 둔 것이다. 신학적 자유는 확보했으나 현실 개혁의 의지는 부족했다. 나중 일이겠지만 기독교인들은 자신들 신앙 유지를 위해 황국 시민

되는 것에 소극적이지 않았다. 바라고 기도했겠으나 이들 중 일본 패망을 확신한 사람이 거의 없었을 것이다. 하지만 사회주의자들은 이와 달랐다. 국내외에서 일제에 저항했고 끝까지 투쟁했으며 가장 많은 고통을 받았다. 나라 찾는 독립운동과 함께 계급적 현실에 눈떴기 때문이다.

앞서 우리는 조선을 대표하는 사회주의자들 몇 명을 살펴보았다. 이들은 과거 역사를 찬양하는 대신 민족, 민중의 현실변혁을 꿈꿨다. 중국, 러시아 일본 등지에서 혹은 자생적으로 사회주의, 공산주의를 학습했던 사회주의자들에게는 독립과 함께 민중해방 또한 중요한 과제였다. 함께 나라를 위해 싸웠으나 구한 말 의병과 민족주의자들 ─제국의 복권을 위해 싸웠던 의병과 민국(공화국)의 탄생을 기대했던 민족주의자들─의 지향성이 서로 달랐듯이 그렇게 사회주의자들이 꿈꾼 세상은 계급, 빈부, 남녀 차 없는 사회주의 체제였다. 본디 3.1선언 속에 이런 이상이 담겼기에 사회주의자들은 혁명 실패 여부와 관계없이 자신들 이념에 헌신했다. 기독교인 중에서도 독립을 위해 사회주의가 필요하다 확신했던 소수의 신앙인들이 있었던 것이다. 민족주의와 결별치 않았으나 오히려 사회주의와의 만남을 숙명처럼 여긴 목사들, 드문 경우지만 평신도들 말이다. 피안(내세) 신앙을 선포하는 기독교, 세상을 부정, 정죄하는 교회, 일제에 굴종하는 목회자들을 일차적으로는 성서를 통해 그리고 사회주의라는 방편을 통해 비판했으며 대안을 찾고자 했다. 사회주의 이상을 기독교적으로 풀어내야 할 과제가 이들의 몫이 된 것이다. 혹자는 이런 기독교사회주의를 60년대 이후 출현한 민중신학의 앞선 형태라 말하는데 일리가 없지 않다. 하지만 다수 민중신학자가 '반공'의 틀을 가졌기에 사회주의, 공산주의에 열려있던 이들과의 연속성만 주장할 수는 없을 듯싶다.

그러나 한국 개신교 역사에서 기독교사회주의자들을 명백하게 규정하는 일은 쉽지 않다. 최초 기독교인이었으나 북쪽으로 넘어가 그곳에서 활동한 이들 또는 러시아 연해주에서 공산당원으로 활동한 사람에게서 기독교의 흔적을 찾을 수 있을지 의문인 까닭이다. 최근에 연해주 고려공산당 창시자 이동휘의 경우 기독교적 정체성을 유지했다는 글이 발표되어 다행스럽다.* 이른 시기 마르크스 사상에 심취했으나 이후 그와 단절한 경우도 찾을 수 있다. 어느 경우는 사회주의 이념을 내세우지 않으면서도 사회주의 가치로 기독교를 해석하는 목사도 있었다. 좌우 이념의 공존(합작)을 주장했던 기독교 정치가를 기독교사회주의로 불러야 할지도 논란거리다. 얼마 전 재야 일반 역사학자, 기독교 역사학자와의 어느 대화 자리에서 나온 관련 이야기를 나름 소화하여 여담 삼아 서술해 보겠다. 역사학자들은 신학교 중에서 유독 감신대(협성대)와 기독교를 배경

---

* 정진호, 『여명과 혁명 그리고 운명 ─ 구례선과 리동휘 그리고 손정도』 상·하권 (울독, 2021).

한 연세대에서 사회주의자들이 활동한 것에 주목했다. 우선 토착화론뿐 아니라 사회주의 사조를 펼쳐 낸 감신대를 예사롭지 않게 여겼다. 동시에 사회주의자들 상당수를 배출한 연세대도 연구 대상이라 하였다. 민족주의를 표방한 고려대(보성전문)와 견줄 경우 더욱 도드라졌다. 함께 서구에서 도래한 것이라서 그런지 모르겠으나 기독교와 사회주의 간의 관계가 생각보다 멀지 않았다. 민족 시인으로 알려진 윤동주와 그의 친구 송몽규도 사회주의자로 자리매김할 수 있다고 했다. 당시 기독교계에 이런 흐름이 있었다는 것이 사실이라면 광의적 차원에서 기독교사회주의 흐름을 포착할 이유 또한 충분할 것이다.

여기서 필자는 만주 길림에서의 기독교인들의 활동에 주목한다. 1920~30년경 만주 길림은 디아스포라 조선인들이 가장 많이 모여 사는 곳이었다. 미 감리회는 이곳을 한국인 선교를 위한 특별한 곳으로 지정, 독자 선교사들을 파송했다. 주지하듯 당시 이곳은 일본이 건국한 괴뢰 정부 만주국의 수도였다. 이곳에는 사회주의 이념을 표방하는 활동가들, 대종교를 숭상하는 민족주의 종교인들을 비롯하여 여러 사상이 공존하는 곳이었다. 이 지역에 거주하는 조선인들은 크게 두 부류로 갈렸다. 만주국에 부역하며 친일파로 사는 사람들과 그에 맞서 독자적, 저항적 삶을 사는 이들이었다. 한국전쟁 연구가인 브루스 커밍스는 당시 경험한 친일 부역자들에 대한 증오가 친미로 위장한 친일의 땅, 남쪽 정부를 향한 도발 요인이었다고 봤다. 이보다 조금 앞서 상해 임정에서 물러난 손정도 목사(1872~1931)는 길림에서—후일 홀로 그 길을 갔으나— 도산 안창호(1878~1938)와 함께 민족 살리는 이상촌 운동을 시작했다. 기독교인으로서 민족주의자 도산 안창호와 결별한 것은 여러 이유 중 하나겠지만 독립을 위해 무력까지 용인하는 사회주의 이념을 수용한 결과였다. 앞서 본대로 3.1혁명 실패와 임정에서의 정치적 좌절에도 불구하고 손정도는 사회주의자들과 손잡고 독립과 함께 빈자들의 물질적 해방을 시도했던 것이다. 당시 어린 학생이었던 김일성을 그가 잘 후견했다는 것 역시 잘 알려진 사실이다. 이런 연유로 감신대 교수들은 북녘땅에서 그곳 학자들과 함께 손정도 목사를 주제로 심포지엄도 할 수 있었다. 그때의 강연 원고를 묶어 『손정도목사의 생애와 사상』*으로 출판되었다. 안타깝게도 그의 꿈 역시 실패로 끝났으나 이상촌을 통한 민중 해방의 이상이 그 속에 담겼다. 조선 내 사회주의자들 이론에 경도되지 않으면서도 피안적인 여타 기독교인들과도 변별된 채 독립과 평등 세상을 펼치려 했던 손정도는 기독교사회주의자의 대표 주자로서 평가 받는다. 하지만 그의 생각이 후손들에게서 가감 없이 이어지지 못해 아쉬움이 크다.

　길림 지역이 중요한 것은 단지 손정도 목사 때문만은 아니다.

---

* 김득중 외, 『손정도 목사의 생애와 사상』 (감신대출판부, 2004).

앞서 언급했듯이 이곳은 민족주의와 사회주의 등 제 이념이 공존하는 곳이었고, 기독교, 대종교를 비롯한 종교들이 각축하는 장소였으며, 각각을 대표한 수많은 종교인, 목회자의 집결지이기도 하였다. 감신대에서 손정도와 함께 수학한 김창준(1890~1959), 민족대표 —사실은 종교인 대표라 해야 옳다— 33인 중 한 사람으로 선언에 참여했던 그도 이곳에서 목회를 했다. 신학도로서 비판할 목적에서 공부했던 마르크스 사상을 이후 월북하여 그를 가르치고 펼칠 만큼 달라진 것도 이곳 경험이 밑거름되었을 것이다. 하지만 손정도가 그랬듯이 김창준도 탁사 최병헌의 영향사, 곧 민족주의 시각을 온전히 떨쳐 버릴 수 없었다. 그를 기독교 배신자로 낙인찍기도 하지만 기독교사회주의자로 명명할 수 있는 근거는 여전히 남아있다. 후술할 그리스도환원운동의 선구자로서 이신에게 영향을 끼쳤던 동석기 목사(1881~1971)도 이곳에서 목회했다. 하와이 사탕수수밭 노동자로 조국을 떠났으나 그 영민함 탓에 미국 시카고 게렛신학교에서 목사안수 받은 후 미 감리회 소속 선교사로 길림에 파송된 것이다. 그랬던 그가 교파를 떠나 그리스도환원운동에 몸담은 것 역시 길림 지역의 역동성 때문이었다. 그 역시 민족주의를 만났고 사회주의를 접했을 것이며, 독립을 꿈꿨을 것인 바 그럴수록 그리스도환원운동이 지닌 탈교회적 역동성을 가늠케 한다. 이외에도 거명할 수 있는 사람들이 적지 않으나 지면 관계상 생략한다. 필자가 토착화, 기독교 사회주의 그리고 그리스도환원운동을 하나로 엮고자 한 것은 이신

의 초현실주의 해석학* 때문이겠으나 더욱 근본적으로는 길림 지역
에서의 공통감이 선행되었기에 가능한 일이었다.

앞선 이해를 토대로 기독교사회주의자들의 면모를 드러내 보겠
다. 물론 손정도, 김창준 등에 대해서도 좀 더 깊게 살필 것이나
강화 출신으로 감리교 권사였던 이동휘(1873~1935)를 기독교사회
주의의 첫 인물로 내세우고자 한다. 상해 임정에도 참여했으나 연해
주에서 고려 공산당을 창건한 주역이기도 하다. 그에게서 기독교성
을 얼마나 찾을 수 있을지 모르겠지만 무관할 수 없다는 것이 필자의
확신인 바, 반병률 및 정진호의 책에서 그 사실이 확인되었다. 좌우합
작론을 통해 해방공간에서 중요한 역할을 했던 몽양 여운형(1886~
1947)도 이런 반열에 세울 존재다. 신학을 공부했지만 동학적 배경
을 떨칠 수 없었고, 사회주의 이념을 습득, 실천했지만 사회주의자로
만 머물 수 없었던 몽양 여운형을 살펴야 옳다. 가나안 농군학교
김용기 장로(1909~1988)가 여운형과 친밀했던 것도 그를 기독교사
회주의자로 여길 중요한 이유일 것이다. 얼마 전 타계한 감신대
출신 박순경 박사(1923~2020)도 이런 계보에 속해 있다. 주체사상
과 대화하며 민중을 중시했으나 민족을 포기치 않았고, 민중 중의

---

* 이은선 외, 『李信의 묵시의식과 토착화의 새 차원』(동연, 2021). 이 책 속에 실린
  필자의 논문 "토착화, 기독교사회주의, 그리스도환원운동, 이들 통섭의 토대로서 이
  신의 슐리얼리즘 신학 ─ 한국 신학 광맥 다시 캐기,"(21-93쪽)를 보라.

민중을 '여성'으로 보았으며, 그를 통일 주역으로 여긴 박순경의 통일 신학도 기독교사회주의의 한 표현이라 생각한다. 신민회를 이끈 전덕기 목사(1875~1914)와 밀양 출신으로 연희전문과 일본 동지사에서 수학한 강성갑 목사(1912~1950)도 관련된 중요한 인물들이다.

앞선 글에서 손정도 목사를 대표 주자처럼 언급했지만 상해 임시 정부에서 초대 국무총리를 지낸 성재 이동휘(1873~1935)를 으뜸으로 꼽을 일이다. 이하 내용은 앞서 소개한 반병률의 『성재 이동휘 일대기』에 근거했다. 주지하듯 이동휘는 강화 출신으로서 고종황제의 총애를 받던 군인이었다. 강화수호조약 이후 서구 기독교를 받아들여 감리교도가 된 그는 평신도(권사) 신분으로 교회와 학교를 여럿 세웠다. 오늘 강화도 내에 일백여 개의 감리교회가 생긴 것은 오롯한 그의 공이다. 이렇듯 그는 기독교를 배경 삼아 강화도에서 항일 운동을 주도했고, 북간도 기독교를 일으켰으며, 전덕기, 안창호, 이승훈 등과 함께 신민회 창건(1907)을 주도했다. 일본이 조작한 총독 암살 시도의 책임으로 불거진 105인사건(1911~1913) 이후 급속하게 세를 잃었으나 신민회는 좌우 세력이 힘 모아 독립을 위해 무장투쟁마저 불사했던 기독교적 배경의—상동감리교회가 지원한 — 단체였다. 기독교를 중심하여 좌우가 함께 활동했던 공간이 있었다는 사실은 아무리 강조해도 지나치지 않을 우리 역사이다. 1917년

2월 러시아혁명을 경험했던 그는 기독교적 입장에서 조선인 무산계급을 조직했으며 민족해방운동을 볼셰비즘의 방향으로 이끌 것을 제안했으나 신민회 측으로부터 거부당했다. 신민회 탈퇴 이후 그는 한인 사회당을 결성했고, 독립을 위한 무장투쟁에 직접 참여했다. 하지만 1919년 상해 임정과 자신의 한인 사회당을 통합시켜 초대 국무총리로서 활동하며 북간도 지역 독립운동가들을 합류시켰다. 하지만 이곳에서 겪었던 바, 당시 임정의 실세였던 민족주의자들과의 갈등은 뼈아픈 일이었다. 안창호, 손정도 등도 시차를 두고 임정을 떠나 길림에 안착했음을 기억할 때 이동휘의 선택은 비난받을 사안만은 아니었다. 이후 이동휘는 연해주(블라디보스톡)에서 고려 공산당을 창당(1921)했고 국제 공산당에 가입했으며 급기야 레닌과의 만남도 성사시켰다. 상해 임정을 대표하는 김구와의 불화가 커진 것도 실상 그가 소련에 의해 대표성을 인정받은 사실과 무관치 않다. 여하튼 62세로 죽음을 맞을 때까지 이동휘는 무산계급의 해방을 위한 고려(조선) 공산당의 안착을 위해 사력을 다했다. 이런 고려 공산당은 자본주의 모순에 눈감고 민중의 경제적 상황을 경시했던 당대 민족주의자들, 내세 지향적 기독교적 신앙 양식과 많이 달랐다. 그렇기에 이동휘의 전후기의 삶을 비연속적으로 평가하는 이들이 많다. 기독교와 공산주의를 양립 불가능한 이념 체계로 여기면서 말이다. 하지만 고려 공산당을 이끌었던 그에게서 기독교 흔적을 지우는 것이 능사일 수 없다. 학교와 교회를 세울 정도의 대사회적인 기독교적 열정이 후일 무산 계급을 대변했던 이동휘를 통해 심화, 확대되었다고 보는 것도 제법 괜찮은 생각이다. 주의 기도가 가르치듯 하늘 뜻이 이 땅에서 이뤄지길 소망해야 하는 까닭이다. 그에게 사회주의는 방편이었을 수 있지 않았을까?

기독교사회주의자로 손정도와 협성신학교 동급생이었던 김창준 목사(1890~1959)를 언급할 차례이다. 상해 임정에서 의정원장(현 국회의장)을 지냈던 손정도의 경우 앞서 제법 다뤘기에 김창준을 언급하는 중에 그에 대한 생각을 보태면서 두 사람을 함께 엮어보겠다. 주지하듯 김창준은 독립선언서에 서명했던 33인 중 한 분이었고, 해방공간에서 좌익 활동(민족민주전선)에 몸담았으며, 남조선 기독교도 연맹을 결성했다. 하지만 한국전쟁 발발 이후 월북하여 최고인민회의 부의장에 오를 만큼 정치적 입지를 굳힌 탓에 사실 부정적 평가가 크고 많다. 현 감신대 교정에 독립선언서 서명자 7분 얼굴 동판이 있는데 김창준의 얼굴만 유독 검고 희미하게 새겨진 것은 이런 현실의 반영이다. 협성신학교 교수로서 마르크스주의를 비판할 목적으로 이를 연구하다 이를 주체적으로 수용, 정치 역량을 발휘했고 북에서 생을 마감했으니 논란이 될 수밖에 없을 것이다. 이런 시각을 반영한 김창준에 대한 연구서로『기독교 민족 사회주의자 김창준에 대한 고찰 ― 김창준 회고록을 중심으로』*가 있다.

---

* 숭실대학교 기독교박물관 학예과,『기독교 민족 사회주의자 김창준에 대한 고찰 ―

언급했듯이 김창준은 손정도와 함께 탁사 최병헌의 목회를 지켜보았던 인물이었다. 위 책에서 그를 특히 기독교 '민족' 사회주의자로 언명한 것도 이런 배경에서였다. 하지만 손정도 목사처럼 그를 기독교사회주의자로 이끈 것은 4~5년에 걸친 길림 지역에서의 목회 경험이었다. 앞서 보았듯이 당시 길림 지역은 친일 부역자들과 독립 세력이 공존했고 민족 해방을 위한 사회주의 이념도 확산 중이었다. 대종교를 비롯한 민족 종교들의 세력도 제법 컸으며 기독교 역시 이상촌 운동을 통해 세를 불려 나갔다. 도산 안창호와 함께 시작한 이 운동을 통해 손정도는 1921년 이후 거의 10년간 만주 지역 한인 사회 구제에 힘을 쏟았다. 조선인들에게 토지를 제공했고, 경제를 안정시켜 독립운동을 위한 납세의무를 부과시킬 정도였다. 이처럼 그에게 기독교는 이상촌 운동과 공속共屬적 관계였으며 신앙 운동이 곧 독립운동이자 만인을 평등케 하는 자립적 경제활동이었던 까닭이다. 후일 독립을 위해 무장투쟁까지 기독교적으로 수용함으로써 이전 민족주의 계열의 토착화 선배들과 결을 명백하게 달리했다. 비록 실패했으나 이 운동은 민족 독립을 위해 사회주의 이념을 수용한 결과였다. 이런 현실에서 김창준 또한 과거 기독교 신앙 체계를 벗을 수 있었다. 마르크스 사상에 비판적이었던 학자가 길림이란 시공간 속에서 그것을 세상을 변혁하는 틀로 재인식한 결과였다.

김창준 회고록을 중심으로』 (한국 독립기념관 독립운동연구소, 2003).

이 경험이 해방 이후 그를 좌익 활동에 몸담게 했으며 북 체제를 인정하는 대표적인 기독교인, 기독교사회주의자로 만들었을 것이다. 그의 회고록에 담긴 몇몇 언표에 잇대어 김창준을 기독교를 버린 공산주의자로서 매도하는 현실이 안타깝다. 3.1선언으로 옥고를 치렀음에도 아직까지 독립유공자로 인정받지 못하고 있으니 말이다. 하지만 그는 김일성 외가의 기독교 전통—강양욱 목사— 그 이상으로 기독교사회주의자로서 확고한 위상을 지녔다고 봐야 옳다. 기독교 가르침이 사회주의 이념과 본질에서 같다는 확신이 김창준의 심중에서 실종된 적이 없었던 까닭이다.

마지막으로 소개할 인물은 상동교회 목사였던 전덕기(1875~1914)이다. 다른 이들보다 짧게 살았고 교회 안에서 생활했으나 그 역시 기독교사회주의자로 일컬을 수 있는 이유가 많다. 상동교회 교인이었던 한글학자 주시경(1876~1914)과 친분이 두터웠던 그에게서 민족주의 흐름도 엿볼 수 있다. 나철의 대종교를 경험한 후 기독교(감리교)인이 된 주시경의 이력이 예사롭지 않기 때문이다. 기독교를 중심으로 민족주의, 사회주의를 회통시킨 공간이 바로 전덕기의 상동교회였다. 독립군을 훈련시킬 만주 신흥 무관학교 설립을 도왔으며, 상해 임정 수립의 동력—김구, 이승만, 안창호, 이동휘, 신채호 등이 상동교회와 연루되었다—도 상동교회가 제공했다. 이 점에서 전덕기는 한국 근대 민족운동의 핵심 인물임이 틀림없다. 하지만 그가 유교와 기독교의 대화를 이끈 최병헌의 민족주의(토착화)와 달랐던 것은 당시 빈민들, 노동자. 노비, 상인, 여성을 하느님 백성으로 여긴 데 있었다. 개인 구원과 사회(민족)구원을 양분하지 않은 결과였고, 이로써 그를 기독교사회주의자로 호칭하는 이유가 되었다. 좌우 세력의 활동 공간이었던 신민회를 전덕기와 안창호가 세우고(1907) 이끌어갔던 것도 이를 뒷받침한다. 신채호, 이상재, 이승훈, 이동휘, 박은식 등 제 이념의 대표자들이 비밀 결사체인 신민회 창건 주역이 된 것은 오로지 국권 회복을 목적해서 좌우 이념을 초극한 결과였다. 빈자에 대한 전덕기의 기독교적 이해가 사회주의와 민족주의를 결합시킬 수 있는 동력이자 매체가 된 것이다. 당시 퇴조하는 의병운동의 재활성화를 위해 무관학교 건립을 추진했던 그의 노력 또한 사회주의자들과 공조한 결과였다. 평소 목사 전덕기는 "가난한 자에게 복음을, 포로된 자에게 해방을, 억눌린 자에게 자유를" 주는 것을 기독교 본질이라 여겼다. 그를 기독교사회주의자로 호칭할 수 있는 충분한 이유가 바로 여기에 내재하지 않을까 싶다.

이상에서 기독교사회주의자로 몇 분을 언급했다. 이들 모두는 감리교 계통에서 기원했다. 여성 통일 신학자 박순경도 바로 이런 전통에서 비롯했다. 이들은 민족주의와 결별치 않았음에도 사회주의를 기독교의 파트너로 생각했던 사람들이다. 사회주의, 공산주의를 기독교 정신으로 구현코자 했던 것이다. 우익 세력만이 대한민국의 건국 주역으로 호도되는 현실에서 기독교사회주의는 한국 역사 및 교회사 속에서 채굴, 금덩이로 제련할 가치가 큰 광맥임이 분명하다. 그럼에도 이들에게 한계가 없지 않다. 우선 사회주의를 기독교적으로 실현코자 했기에 충분히 사회주의적일 수 없었다는 비판에서 자유롭지 못하다. 마르크스 사상이 가르치듯 계급의식, 경제구조에 취약했던 까닭이다. 따라서 이들에게 사회주의란 호칭이 적합한가의 논의가 지속 중이다. 민족주의와 견줄 때도 서구 지향적인 의식이 너무 강한 듯 보이기도 했다. 기독교는 물론이고 그들의 짝이었던 마르크스 사상도 서구적 산물이었던 것이다. 동학에 대한 관심 부재 또한 이 점에서 우익 민족주의와 전혀 다르지 않았다. 민족주의, 사회주의 모두 그리고 이들과 짝한 기독교가 개벽 사상인 동학을 벗 삼지 못한 것이 많이 안타깝다. 그렇기에 동학적 배경을 지닌 몽양 여운형과 기독교사회주의자로 전혀 손색없는 강성갑 목사 그리고 몽양을 존경하며 통일 신학을 펼친 박순경 교수 등을 중요하게 언급할 필요가 있다.

앞서 밝혔듯이 기독교사회주의는 두 가지 점에서 사회주의와 달랐다. 첫째는 체제를 달리했던 상황에서도 기독교적 가치를 유지, 존속시켰으며 둘째는 우익 민족주의, 즉 그들의 이념적 추상성을 배제시킨 사회주의와 달리 민족 담론을 온전히 내치지 않았기 때문이다. 공산 체제의 옷을 입었어도 기독교 정신을 그 속에 담았고, 계급의식을 중시했으나 민족 가치를 상부구조가 만든 허구라 여길 수는 없었다. 그렇기에 이하에서 언급할 기독교사회주의자들―여운형, 강성갑, 박순경―은 기독교적 시각에서 좌우 이념의 공존을 시도했거나 기독교와 주체사상 간의 대화를 위해 노력했으며 가난한 빈곤층을 단지 계급의식으로 환원시키지 않았다. 그렇기에 이들에게 사회주의자란 꼬리표가 가당치 않다는 비판이 종종 있어 왔다. 한마디로 기독교사회주의라 부를 수 없다는 것이다. 하지만 이들의 반교조적 특성이 오히려 긍정적 역할을 했다. 앞서 언급한 손정도, 김창준 등이 정동교회에서 탁사 최병헌과 함께 일했고, 제2의 조국이 된 만주 길림에서 민족의 다층, 다양성을 경험한 것 역시 사회주의의 폭을 넓히는 계기가 되었고, 민족주의와 사회주의를 연계시켜 일제와 맞선 신민회의 주역 전덕기 또한 사회주의의 깊이를 더한 공이 컸다. 물론 상반된 평가도 있는 것도 부정할 이유도 없을 것이다.

필자는 3.1선언 백주년을 맞는 2019년에 몽양 여운형(1886~1947)에 대한 긴 논문을 썼다. "몽양 여운형의 좌우 합작론 속의 토착적 기독교성"이 그 제목인 바, 이 글은『3.1정신과 이후 기독교』*에 수록되어 있다. 글 제목에서 드러나듯이 몽양 속에 사회주의, 민족주의 그리고 기독교가 아우러져 있었다. 그의 딸 여원구가 김일성 체제에서 북쪽 고위 간부를 지냈고 몽양에 대한 책『나의 아버지

---

* 변선환아키브편,『3.1정신과 이후 기독교』(모시는사람들, 2019). 이 책 2부 첫 번째 글로 수록되어 있다.

여운형』(김영사, 2001)을 펴낸 것도 주목할 사안이다. 보수 신앙을 지닌 가나안 농군학교 김용기 장로가 몽양을 좋아했으며 통일을 주제로 연구한 진보 여성신학자 박순경이 가장 흠모하는 인물 역시 몽양이었다. 어린 시절 몽양은 동학과 연루된 조부의 영향을 받았고, 상해에서 대종교인들의 경전인 『천부경』을 읽었으며, 평양신학교를 다녔고, 승동교회에서 하층민인 백정들을 상대로 성서를 가르쳤다. 이후 상해 임정에 참여했으나—이곳에서 공산당 선언을 번역했다— 현실 정치보다는 그곳 교민들과 우정을 쌓는 일에 주력했다. 도산 안창호의 각별한 지지를 받았던 것으로 알려졌다. 초기 민족주의를 바탕하여 신한청년당을 조직하여 활동했으나 이후 고려 공산당에 적을 두고 사회주의 안목도 키웠다. 1922년 모스크바에서 열린 극동피압박민족대회에 참가했던 일로 인해 이승만과 결별하게 된다. 해방 전 손문, 모택동, 호치민, 레닌 등을 만났고, 일본인들 설득에 굴하지 않고 그들 의회에서 독립을 역설한 것도 오래 기억될 일이다. 이처럼 몽양은 상해에서 좌우 이념을 아우르는 이력을 쌓았고, 그 중심에 기독교 신앙이 있었다. 비록 교회를 앞세우지 않았지만 그의 정치의식 속에 하느님과 그의 뜻에 대한 생각이 떠난 적이 없었다. 독립운동에 대한 그의 생각을 알 수 있는 멋진 글이 남아 있다. "한국의 독립운동은 세계의 대세요, 신의 뜻이며, 한 민족의 각성이다."[*]

---

[*] 김삼웅, 『몽양 여운형 평전 — 진보적 민족주의자』(채륜, 2016).

여기서 세계의 대세란 좌우 이념(원심력) 모두를 아울러 말한 것이고 한국인의 각성은 주체성, 구심력을 강조한 것이며, 이들 두 힘의 중심에 신의 뜻의 반드시 존재해야 함을 역설한 것이다. 독립 이후 해방공간에서 좌우합작을 위해 일 할 때도 이 도식은 여전히 유효했다. 목회자로 활동치 않았으나 좌우 이념의 통합을 신의 뜻으로 생각했음이 분명하다. 주지하듯 몽양 여운형은 해방공간에서 민족 지도자 선호도에서 독보적 1위를 획득했다. 민족주의자 김구, 기독교인 이승만보다 훨씬 이른 시기부터 해방공간을 책임질 정치지도자로 부상했던 것이다. 미군정 책임자 하지 소장도 이런 여운형을 자기편 만들고자 애써 공들였다. 하지만 여운형은 어느 편에 종속되는 것을 원치 않았다. 좌우 이념, 민족주의와 사회주의, 자본주의와 공산주의가 함께 독립 국가를 일궈 새 역사를 쓸 수 있기를 바랐을 뿐이다. 1947년 혜화동 로터리에서 이런 거물 지도자를 잃은 것은 민족적 손실이다. 가난한 백정들에게 예수를 전했고, 정치보다 이주민들 삶에 더 관심했으며, 사회 공산주의자들과 친밀했고, 그들 서적을 번역, 소개했던 몽양이었다. 하지만 그의 또 다른 가슴은 대종교, 동학 그리고 기독교를 품고 있었다. 김삼웅이 몽양을 '진보적 민족주의자'로 정의한 것도 이런 배경 때문이다. 결국 좌우합작론 탓에 그가 죽었으나 그것은 항차 그와 민족을 부활시킬 수 있는 주제가 아닐 수 없다. 좌우합작론을 기독교사회주의의 몽양식 언표라 말해도 좋을 것이다.

강성갑 목사(1912~1950)는 경남 밀양 출신으로 한학을 공부하다 연희전문에 입학했고, 이후 감리교 목회자들이 유학하던 일본 동지사 대학에서 수학했다. 목사가 되어 귀국한 이후(1943) 부산 등지에서 목회를 시작했다. 지금껏 그는 소위 빨갱이로 매도되어 언급조차 되지 않았던 인물이었다. 하지만 최근 그의 삶과 사상이 다시 연구되기 시작했고,* 고향 밀양에서 그의 일대기가 연극으로 소개되기도 했다. 강성갑은 본래 한글학자 최현배의 제자로서 연희 전문 기독 동아리를 통해 기독교적 정의와 애국 가치를 배웠다. 그가 후일 목사로서 내선일체, 신사참배를 거부하는 운동을 주도한 것도 이런 배경 때문이었다. 윤동주, 송몽규가 강성갑의 직계 선배였던 것도 그를 이해할 수 있는 일면이겠다. 이들 역시 사회주의 세례를 받았을 것이란 추론도 가능하다. 강성갑은 이미 1930년대부터 가난 문제를 해결코자 덴마크의 그룬트비 사상을 이 땅에 적용시킨 사회 (농촌)운동가였다. 당시 내세, 피안 신앙이 주를 이루던 교계 현실에서 가난 극복을 목적한 강성갑의 기독교 농촌운동은 실상 사회주의 영향과 무관치 않다. 사회주의는 그가 몸담았던 연희전문학교 학생들의 당시 주된 성향이었다. 단지 그는 다수 학생들과 달리 금융조합, 농사 개량, 농민 계몽 차원에 머물지 않았고 (농촌)사회 혁명까지 도모했다. 하지만 이 역시 오로지 나라를 구하고 농촌을 구하는

---

* 홍성표, "해방공간 강성갑의 기독교 사회운동" 연세대학교 박사 논문, 2017.

기독교적 이상의 일환이었다. 후일 그가 '한얼' 중학교를 세운 것도 이런 연유에서다. 선생과 학생 모두가 함께 일했고 무료로 가르쳤으며 직위 고하를 막론하고 모두가 같은 봉급을 받을 만큼 모두가 동지라는 의식을 지녔다. 이것이 빌미가 되어 그는 (기독교)사회주의자로 내몰렸고 결국 한국전쟁 발발 초기 남쪽 정부에 의해 학살당했다. 살아생전 그에게 이념은 전혀 중요치 않았다. 나라를 바로세울 수만 있다면 민족주의, 사회주의도 기독교의 친구요 동지가될 수 있었다. "나에게는 빨갱이고 노랭이고가 없다"는 말이 바로그 뜻이다.

여성 통일 신학자 박순경(1923~2020)은 감신 출신으로 초기 신정통주의자 칼 바르트에 심취했으나 이후 마르크스 사상을 연구했고 당시 금기시되었던 북한 '주체사상'과의 대화를 평생 과제로 삼았다. 이로써 그녀는 토착화론을 펼친 감신 선배, 동료신학자들, 특히 윤성범, 변선환 등과 갈등, 결별했고 옥고를 치르면서도 통일 신학의 새 장을 열었다. 그럼에도 계급을 앞세운 사회주의 계열과 생각을 달리했고, 민중신학과도 거리를 두었다. 민족 개념 없는 통일 신학은 존재할 수 없었고 여성 신학자로서 여성 주체성 또한 중요했기 때문이다. 박순경의 통일 신학은 민족, 민중 그리고 여성의 통전성에 기초했고, 이 통전성은 곧 기독교성을 뜻했다. 이를 위해 민족사와 사회주의, 여성을 아우르는 포괄적인 역사를 하느님의 구속사 신학의 틀로 이해했고 여기서 기독교의 본질(핵심)을 보았다. 따라서 그녀에게 구원은 애시당초 민족, 민중, 여성의 통전적 구원이었다. 민중을 민족 중의 민족이고 여성을 민중 속의 민중이라 불렀으나 이들의 총체적 구원을 위해 민족이 중요했다. 이 점에서 그는 사회주의자들 그리고 민중신학자들과 달랐다. 박순경은 해방 전후 역사를 공부하며 민족 모순에 누구보다 크게 눈을 떴다. 이뿐 아니라 민족 시원 이야기에 주목했고 우리 민족사를 신학의 대상(Context)이 아니라 주체(Text)로 삼았다. 단군신화를 기독교 삼위일체 '흔적'으로 수용했던 윤성범과 달리 박순경은 이 신화를 민족의 원류로서 긍정했다. 이는 서구가 독점한 창조 설화의 위상을 뒤흔들만한 발상이었다. 이렇듯 박순경은 이 땅의 민족사를 성서 구속사에 편입시켰고 양자를 불이(不二)적 차원에서 통합했다.* 역사의 모순이자 민족 모순인 악을 오롯이 해결할 목적에서다. 하지만 민족사를 품을수록 박순경의 민족 신학, 통일 신학은 반공적 기독교와 갈등했고 투쟁했다. 반공 이념을 확대시킨 분단 신학, 반민중적인 자본 세력들을 구원의 통전적 실현을 방해한 거악으로 규정한 탓이다. 몽양이 꿈꿨던 좌우합작의 이상이 하느님 구속사의 통전적 실현(구원)과 다르지 않다는 반증일 것이다. 그럴수록 분단 고착 세력들, 스스로 주체이길 부정하며 외세에 기생하는 세력들에 대한 저항은 필수적이었다.

---

* 이은선, 『동북아 평화와 聖·性·誠의 여성신학』 (동연, 2020). 이 책 다섯 번째 글에서 박순경에 관한 최근 연구 결과를 얻을 수 있다.

민족을 구성하는 민중, 여성들에게 저항의 주체가 될 것을 요구했던 것이다. 이 과정에서 민족운동과 민중운동 그리고 여성운동의 통합은 물론 주체사상과의 궁극적 통전성 또한 기대할 수 있다. 성서 구속사의 틀 속에서 민족과 민중, 여성의 통전적 구원을 모색했기 때문이다. 결국 박순경의 통일 신학은 종래의 기독교사회주의를 더욱 기독교적으로 심화, 확대시켜 남북 간 공존, 상생의 길을 제시한 것이다.

3장

영적주체성과
그리스도환원운동가들

김은석

동석기

성낙소

강명석

최상현

이신

최요한

이제 그리스도환원운동에 대해 소개할 차례가 되었다. 처음 언급했듯이 한국 기독교 역사 속에서 지금껏 소홀하게 취급되었으나 본 환원운동이 지닌 의미는 결코 작지 않다. 한국 신학의 광맥을 캤던 유동식의 시각에 포착은 커녕 언급조차 되지 않았지만 사실 기독교 시각에서 볼 때 가장 소중한 주제여야만 했다. 예수 사후 2천 년이 지난 오늘, 작금의 기독교가 예수정신과 한없이 멀어진 탓이다. 당시 성서 시대의 예수 공동체와 오늘이 교회는 거의 닮은 구석이 없다. 그동안 서구 역사에서 이런저런 종교개혁운동이 일어난 것도 사실 그리스도환원운동의 일환이었다. M.루터의 종교개혁을 비롯하여 J. 칼빈의 장로교, J. 웨슬리의 감리교, 그 외의 크고 작은 수많은 개혁운동들이 모두 기독교의 원형을 찾고자 했던 흔적들이다. 일백 년 역사를 지닌 한국 개신교 속에서도 교리나 제도를 벗고 그리스도에게 회귀하려는 신앙 운동이 여럿 있었다. 그 중 대표적인 것으로 시무언 이용도의 영적 기독교 운동을 들 수 있을 것이다. 앞서 토착화론의 영역에 포함시켰으나 이용도는 여기서 재론해도 좋은 신앙 운동가다.

하지만 루터 종교개혁 이후 저마다 신앙 본질을 찾겠다며 개혁운동이 봇물처럼 밀려온 까닭에 부작용으로 수많은 교파들이 생겨났다. 소위 교황 체제를 비롯하여 교리, 교권화된 중세 천주교에 대한 반감, 거부에서 비롯된 종교개혁운동(들)이 이후 교파적 기독교를 탄생시킨 것이다. 주지하듯 장로교, 감리교, 성결교, 침례교, 안식교 등 헤아릴 수 없을 만큼 교파가 생겼고, 동일 교파 내에서도 수많은 분파들이 공존하는 상황에 이르렀다. 현실이 이렇다 보니 이 땅에서조차 신천지 집단과 같은 사이비 이단 종파까지 기독교 이름을 내걸고 종교 행위를 하고 있다. 가톨릭의 경우 종교개혁의 반작용으로 자신들 내부를 개혁시켰고, 그 결과 탄생된 예수회를 통해 중국을 비롯한 아시아 선교를 주도했으나 항시 가톨릭 체제하에서였다. 개신교처럼 교파로 나뉘지는 않았던 것이다. 이후 몇 차례 공의회―특히 2차 바티칸공의회―를 통해 세상과 소통코자 노력했지만 이 역시 소위 그리스도환원운동에 성공했다 말할 수는 없다. 제국화된 이들의 체제 자체가 성서 속 예수정신과 부합할 수 없기 때문이다.

신학함에 있어 주 객관적 요소가 동시에 요청됨은 두말할 나위가 없다. 하느님 존재, 인간 그 어느 한 주제만으로 신학이 성립될 수 없고, 기독교란 종교를 말할 수 없을 것이다. 이를 텍스트와 컨텍스트, 성서와 상황이란 말로 바꿔도 마찬가지이다. 성서와 상황이 만날 때 신학이 생겨나며 설교 행위가 가능할 수 있다. 그렇기에 종교개혁 이후 신학의 4요소로 성서, 전통, 이성, 경험이 언급되곤 했다. 성서, 전통은 신학 함에 있어 객관적 차원(*fides que creditur*)이겠고, 이성과 경험은 주관적 차원(*fides qua creditur*)이라 할 것이다. 가톨릭의 경우 전자가 강조되었기에 나뉘지 않았고, 개신교의 경우 후자가 중시되었기에 여러 교파로 분열되었다. 앞의 것은 전통의 이름으로 체제와 교리를 강조했고, 나중 것은 믿음의 주체성을 앞세워 개인적 확신을 소중하게 생각한 결과였다. 하지만 이들 중 무엇이 옳고 그른지 판단이 어렵다. 역사적 진행 과정 속에서 이런 현상은 필연적이라 보는 것이 옳다. 그럼에도 불구하고 지속적으로 근원을 찾고 자신을 존재토록 한 본원을 찾는 일은 거듭, 반복되어야 할 일이다. 오늘 우리가 종교개혁을 회억하는 것은 그날을 제삿날 기억하듯 기념하는 데 목적이 있지 않고 "종교개혁은 계속되어야 한다"(*Die Reformation geht weiter*)는 명제에 충실코자 함이다. 최근 역사적 예수를 연구한 저작물들이 국내외적으로 활발히 소개되는 것도 이런 배경에서 생각할 일이다. 필자가 '역사유비'라는 신학적 신조어로 이 책을 통해 선보이는 이유도 여기에 있다.

그러나 이런 작업은 결코 쉽지 않다. 자본에 자신들 영혼을 팔며 성장 이념에 함몰된 목하 교회를 개혁할 의지를 찾아볼 수 없다. "그리스도에게 혹은 처음 교회로 돌아가자"는 표어가 수많은 교회

강대 상 위에 걸려있으나 누구도 실제로 처음 교회로 돌아가고픈 종교인은 없다. '처음처럼' 되려면 포기해야 할 것이 너무 많고, 가치관 자체를 달리하며 살아야 하는 까닭이다. 앞서 언급한 역사적 예수 결과물이 교회에서 배척되는 것은 그처럼 살 수 없어서일 것이다. 오히려 일상에서 무슨 일을 하든지 회개하고 믿으면 내세가 보장된다고 가르쳤다. 필자는 가톨릭, 개신교를 포함한 한국 그리스도교의 이런 병폐를 다음 세 개념, 곧 '영적 치매', '영적 자폐', '영적 방종'으로 정의한 바 있다.* 영적 치매란 기독교의 근원과 출처에 대한 망각을, 영적 자폐란 세상과 영향을 주고받지 않으면서 자신 속에 갇힌 상태를, 영적 방종이란 예수(신앙)의 이름으로 자본을 추앙하는 태도를 일컫는다. 신/구교를 막론한 한국 교회가 이런 현실에 처했기에 개혁은 언감생심, 연목구어가 되었다. 교회를 그토록 괴롭혔던 신천지 세력이었으나 이들과 교회는 정작 20대 대선을 치르면서 자신들 기득권 유지를 위해 힘을 합치기까지 했다. 세상은 이제 신천지와 개신교를 구별하지도, 할 수(하지)도 없(않)을 것이다.

본디 미국에서 시작된 그리스도환원운동도 이런 문제의식에서 비롯했다. 종교 자유를 찾아 신대륙 미국에 정착한 유럽인들이 이런 사안을 심화, 확장시켰던 것이다. 말했듯이 제도적 기독교를 거부했

---

* 이정배, 『고독하라, 저항하라 그리고 상상하라』 (동연, 2017); 동 저자, 『두 번째 종교개혁과 작은교회운동』 (동연, 2017) 참조.

고 교파적 교회 현실에 저항하면서 "성서로 돌아가자"는 슬로건을 내걸고 탈 교파를 시도했고 독립교회를 세우면서 기독교 전통과 맞설 수 있었다. 성서와 더불어 교파 창시자를 앞세우는 교회 대신 '그리스도의 교회'를 세우고자 한 것이다. 하지만 이에 걸맞는 새로운 형식과 의례 그리고 교리가 필요했고, 결과적으로 이 운동 역시 그리스도 교단으로 발전했으며, 시간이 흐르고 상황에 적응하는 과정에서 분열의 고통을 겪기도 했다. 안타깝게도 자신들이 비판해 왔던 옛 모습을 그대로 닮아갔던 것이다. 이렇듯 미국에서 생기한 그리스도환원운동에 대한 이야기는 나중으로 미루고, 여기서는 이와 무관할 수는 없겠으나 이 땅에서 자생적으로 생겨난 그리스도환원운동에 대해 언급할 것이다. 이후 이들 두 흐름을 하나로 엮는 과정이 있었고, 그 결과로 소위 한국 그리스도 교단이 생성, 정착된 것을 부정할 수 없을 것이다. 하지만 그럴수록 자생적 환원운동과 한국전쟁 전후로 미국서 유입된 그것과 변별하는 사상적 노력도 결코 포기할 수 없다. 이는 그리스도환원운동 그룹에 속한 신학자 이신의 신학 사상을 후술할 때 대단히 중요한 논점이 될 것이다. 이에 대한 논쟁이 아직 한국 그리스도교단 내에서도 사라지지 않은 줄 안다. 양자 간 차이에 대해 무감각한 처사는 한마디로 언어도단이다.

자생적 그리스도환원운동이 한국 신학의 광맥으로 자리매김 되지 못한 이유와 책임은 우선 이들 당사자들에게 있다. 그리스도환원운동 유산을 여타 교단처럼 그렇게 쉽게 화석화, 교권화시킨 것에 기득권 성직자들의 잘못이 크다. 목하 그리스도환원운동은 그리스도교단의 교세도 축소, 협소화되고 말았다. 분열적 교파 의식 대신 일치를 강조한 초기 에큐메니컬 정신은 실종되고 작은 교파로 안주하고 있는 것이다. 예배 중에 악기를 사용하느냐 마느냐를 두고 유/무악기파로 나눠져 작은 교단을 더 작게 쪼개고 말았다. 침례를 고집함으로 통상 세례를 인정하는 교회들과의 불화가 있었다. 성서 시대를 강조한 나머지 성령 활동이 당시로 종결되었다는 논지를 강변한 결과였다. 이런 주장은 실상 미국서 유입된 것으로 정작 이신은 이에 동조치 않았다. 오히려 요아킴 피오레의 의견을 따라 작금을 성령의 시대로 칭하며 성령 활동을 강조했던 것이다. 그가 영적 기독교를 강조한 이용도 목사를 좋아했던 이유도 여기에 있다. 동시에 성령 운동 속에서 사회, 역사의식을 보았기에 성령의 사적 신비적 차원을 경계했다. 따라서 그는 당시 순복음 교단의 성령 신앙에 대해 경종을 울리기도 했다. 이렇듯 이들은 "성서로 돌아가자"는 초기 정신을 성서문자주의로 변질시켰고, 분열을 거부하고 일치를 추구했던 그리스도의 교회란 이름을 특정 교파의 교회 명칭으로 축소시켰다. 성령에 대한 사사화도 이런 선상에서 살필 주제이다. 이런 이유로 환원운동에 몸담았던 성직자, 교인 중 다수가 양극단으로 흩어졌다. 총신 계열의 보수 교단으로 떠났거나 신생 순복음 교단의 성령 운동의 가담자가 되었던 것이다.

이하에서 필자는 미국서 유입된 그리스도환원운동의 역사를 간

략하게 소개하되 이 운동의 자생성에 초점을 맞춰 서술할 것이다. 그리고 특별히 김은석의 영향으로 감리교 신학대학을 졸업한 이신이 감리교단을 떠나 이 운동에 투신하게 된 과정, 배경 등도 말미에 서술하겠다. 그리스도환원운동 그룹에 속했으나 문자주의에 함몰되거나 성령 운동에 소극적인 이들 집단에 동화되지 않고 본래 정신대로 한국 그리스도의 교회를 세우고자 했던 이신의 신학적 작업으로 그리스도환원운동의 결말을 맺을 생각이다. 앞선 두 사조—토착화와 기독교사회주의—와의 관계를 위해 필자가 중요하게 생각하는 두 가지 사실이 있다. 이들 역시 만주 길림 지역에서 목회했다는 것과 다수 환원운동가들이 주로 감리교적 배경을 지녔다는 점이다. 이는 처음 밝혔듯이 특정 교파의 기독교를 강조할 목적에서가 아니라 이 세 사조를 통섭하기 위한 객관적 토대를 마련코자 함이다.

한국 기독교 세력 판도에서 그리스도 교단은 소수파에 속한다. 예배 시 악기를 사용하느냐, 마느냐에 따라 혹은 성령의 현재적 활동 인정 여부에 의해 심지어 지역 차에 근거, 교단이 양분 상태에 처했으니 그 존재감이 크지 않다. 누구도 부정할 수 없는 대원칙, "그리스도에게 돌아가자"는 소위 환원운동을 선취했고, 교파를 넘어선 '그리스도의 교회'란 이름을 지녔음에도 역설적으로 이 운동은 축소, 왜곡되어 결국 특정 교단을 탄생시키고 말았다. 한국전쟁 전후 충청도, 전라도 지역에서 성령 운동을 통해 확산되었던 자생적 그리스도환원운동의 몰락(?)은 한국 기독교의 슬픈 역사의 일면이 아닐 수 없다. 그리스도환원운동이 한국 기독교의 광맥은커녕 몇 줄 언급 조차 되지 않는 현실이 참으로 불행하나 오롯한 책임은 교단 관계자 들에게 있다. 서구에서 유입된 교파적 교회의 소속을 떠나 그리스도 교회를 일구려 했던 선각자들 뜻을 잇지 못한 무한 책임이 이들 몫이다. 주지하듯 당시 그리스도환원운동은 성령 운동이기도 했다. 본래 성령 운동이라 하는 게 더 적합할 수 있겠다. 환원은 성령 활동의 열매이자 결과였기 때문이다. 당시 충청, 전라 지역에서 자생적 환원 운동을 이끌었던 김은석(1902~1963) 목사의 경우 그가 설교하면 성령에 감응하여 교파적 교회들이 실제로 그리스도 교회로 환원되 곤 했다. 지금껏 필자는 이런 사건이 김은석보다 1년 앞서 태어나 33세 나이로 죽은 이용도(1901~1934) 목사에게서만 일어난 줄 알 았다. 하지만 30년 앞서 소천 했던 이용도 목사의 행적이 김은석을 통해 역사 속에서 재현, 반복되었음을 새삼 다시 알게 되었다. 향후 이용도의 '영적 기독교'와 김은석의 '자생적 환원운동'을 함께 생각할 이유가 생긴 것이다. 이들 간의 사상적 유사성뿐 아니라 역사적 관계성에 대한 모색도 연구 주제가 되었다. 이에 더해 「성서조선」의 주필 김교신의 '조선적 기독교'와의 관계성 역시 생각할 여지를 남겼 다. 김은석 목사 역시 1930년대 말 '길림' 지역을 여실히 경험했던 사람이었다. 그렇기에 이들의 성령 운동이 교회 확장만이 아니라 민족운동의 차원을 지녔다는 사실 역시 공통적이다.

하지만 자생적 환원운동이 미국의 그리스도 교단과 합류되면서 얻은 것도 많았지만 역동성을 상실했다. 제도적인 안정을 취할 수 있었겠지만 미국 그리스도교회가 자신들 역사 속에서 야기한 교리적 문제를 함께 떠안아야만 했다. 앞서 말 한대로 성령 활동을 초대교회로 제한시키는 것에서부터 유/무악기 논쟁에 이르기까지 자생적 환원운동의 입장에서 불필요한 논쟁이 시작된 것이다. 한국인들 신앙의 문제를 서구 선교사들이 좌지우지하는 불편한 상황도 초래되었다. 김은석을 만난 후 감리교단을 떠나 환원운동에 몸담았던 이신(1927~1981)의 경우가 특별히 그러했다. 정치, 경제적으로 서구에 종속된 것도 슬픈 일인데 영성 및 신앙의 문제까지 그들에게 의존하는 일에 대해 이의를 제기한 것이다. 그럼에도 서구 교회와의 연합은 신학교를 세워 목회자 양성 및 교회 수를 늘리는 일에 기여했다. 하지만 환원을 외치며 교회를 갱신시켰던 초기 성령 운동을 실종시킨 것을 애통해야 할 것이다. 환원운동을 성서주의로 왜곡, 축소시켰으며 동시에 성령 운동을 순복음교회식의 사적인 기복 체험과 등가로 여겼기 때문이다. 이런 이유로 한국전쟁 전후로 상당한 세력을 확보했던 그리스도교회는 목회자와 교인들을 상극인 보수적 장로교로와 순복음 교회로 각기 흩어지게 만들었다. 오늘의 그리스도 교회가 이처럼 소수 교단이 된 것도 이와 무관치 않다. 이런 이유로 필자는 미국에서 생성된 그리스도교단에 대해 많은 지면을 할애할 생각이 없다. 단지 오늘의 그리스도교회(단)를 알기 위한 목적으로 필요할 만큼 소개코자 한다. 짐작하듯이 자생적 환원(성령)운동에 무게중심을 두고 당시 이 운동의 주역이었던 김은석 목사와 그의 영향사에 집중할 것이다. 필자는 이하 글을 이신이 지도했던 백무길의 석사논문 에서 발췌, 요약했다.*

　　미국 환원운동사에 이름을 올릴 수 있는 사람 수는 대략 5~6명 정도이다. 여기서는 환원운동의 창시자로 알려진 대표적인 인물 캄벨(Campbell) 부자, 두 사람만을 소개할 것이다. 이외에도 제임스 오케리, 발톤 W. 스톤, 아브넬 존스 등 다수의 초창기 멤버들이 있다. 미국 기독교계가 사분오열되는 것을 목도했던 토마스 캄벨은 분열 이전의 사도교회로의 환원을 주창하기 시작했다. 이런 이유로 본래 장로교도였던 그는 교파를 초월한 독립교회와 관계를 깊게 했고, 타 교파 신앙인들과 교제를 심화시켰다. 교파를 넘어 하나 될 이유를 살피고자 함이었다. 특정 교파의 신조 수용 여부가 기독교인 되는 자격이나 조건이 될 수 없다고 본 것이다. "성서가 말하는 것만 말하고 성서가 말하지 않는 것은 말하지 않겠다"는 그의 말속에 비성서적인 교파 부정 의지가 잘 적시되었다. 아들 알렉산더 캄벨은 이런 아버지의 뜻을 받들어 환원운동을 기초 삼아 최초의 교회를 세운 이로 유명하다. 이들 부자의 신학적 기초는 토마스 캄벨이 집필한 '선언과 제언'에 잘 담겨있다. 요약 정리하자면 다음과 같다.

---

* 백무길, "환원운동의 역사적 고찰," 베뢰아신학대학원 석사학위 논문(1978).

"그리스도 교회는 본래 '하나'이며, 회중들 사이에 분파는 용납될 수 없다. 성서에 문자로 기록된 것 외에 다른 것을 신뢰할 수 없으며 신구약성서 속에 온전한 하늘 뜻이 담겼다. 신약성서에 언표된 것 이외의 내용을 예배 시 사용할 수 없으며 신학적 학설 또한 성서를 근거로 토론된 것만이 가치 있다. 교파 분열은 성서에 계시된 하느님 뜻에 반한 불순종의 표현이다. 신약성서에 제시된 교회 전례를 따라 예배를 드리는 것만이 옳다" 등등.

이처럼 초기 환원운동은 성서에 계시된 그대로의 조직, 신조, 의식을 회복할 때 교파 분열이 종식될 수 있다고 생각했다. 이를 통해서 교회가 하나 될 수 있다면 그것을 바로 구원역사라 생각한 것이다. 이때 교회는 독립교회의 형태로서 교단에 종속되지 않은 자율성을 보장 받았다. 이것은 가톨릭교회에 대한 거부이자 저항이라고도 볼 수 있겠다. 하지만 약술된 위의 글 속에서 우리는 그 선한 의도와 바른 지향성에도 불구하고 처음 적시했듯이 많은 문제점도 찾을 수 있다. 무엇보다 종교개혁자 루터의 '오직 성서'의 취지를 따른 환원운동은 신학함의 객관적 차원인 성서와 그 주관적 차원인 신앙('오직 믿음')과의 상호 관계를 간과했다. 주어진 성서를 문자 그대로 믿는 것을 신앙이라 여겼다면 그것은 종교개혁 이전으로의 회귀일 뿐 진일보된 것이라 말할 수 없다. 종교개혁이 말했던 '오직 성서'는 성서문자주의, 성서절대주의로의 환원이 아닌 까닭이다. 루터는 "성서 속에 하느님 말씀이 있는 것이지 성서 자체가 그의 말씀은 아니"라 했다. 그렇기에 그는, 옳은 말은 아니었지만, 야고보서를 지푸라기처럼 값없이 여길 수 있었다. 성서를 초대교회와 일치시켜 생각한 것도 문제였다. 보통 초대교회라 함은 기독교가 로마화되기 이전까지의 시기를 일컫는다. 이 시기에 이미 서로 다른 경전을 사용하는 다양한 교회 공동체들이 존재했었다. 예컨대 마가의 공동체를 비롯하여 심지어 도마 공동체, 마리아 공동체까지 공존했다. 기독교가 제국의 종교가 되기 이전까지 오히려 다양성이 인정(긍정)된 것이다. 물론 이들 간에 일치성 또한 없지 않았다. 서로 강조점이 달랐지만 이들에겐 소위 '예수(복음)의 정치학', 곧 로마 제국 속에 살고 있으나 그들 가치관을 따라 살지 않겠다는 다짐이 있었던 것이다. 이것이 이들 간의 다양성을 하나로 묶을 수 있는 공통의 으뜸 가치였다. 이것은 성서로 돌아가자고 말하며, 초대교회로의 환원을 강조할 때 결코 놓쳐서는 아니 될 내용이다. 그러나 환원운동이 성서주의와 동일시되었고, 성서를 하느님 계시와 동격으로 여긴 탓에 성령 역할은 간과될 수밖에 없었다. 성서 시대를 끝으로 성령 활동이 종결되었다는 것이 이들 확신이었다. 이로써 교회일치를 위한 환원운동은 보수 경직화될 여지를 크게 남겼다. 이것이 환원운동의 핵심 교리가 되어 한국 교회에 강요되었고 논란을 낳았으니 그 공보다 화가 컸다. 성령의 역사는 다양성 속에서 일치를 말할 뿐 확정된 하나로의 환원을 뜻하지 않는다. 이 점에서 이신은 환원운동에 몸담았지만 중세 신학자 요아킴 휘오레의 성령 이해에 귀를 기울였다. 환원운동을 자생적 성령 운동과 연계시켰던 것이다. 그가 김은석 목사를 스승으로 여긴 것도 이런 이유에서다. 초현실주의 (*Surrealism*)를 표방하는 성령 신학의 길도 이렇게 시작되었다. 하지만 처음 뜻과 달리 하나의 교파로 발전된 한국 그리스도의 교회는 미국의 영향으로부터 벗어나지 못한 채 현재 한교총의 구성원으로서 보수화되고 말았다.

이런 이유로 필자는 의당 자생적 그리스도환원운동에 무게중심을 두고 이를 토착화와 기독교사회주의에 견줄만한 주제로 택했다. 일제 치하 길림 지역에서의 민족의식과 한국전쟁 전후로 전라도, 충청도 지역에서 발화된 성령 운동이 바로 자생적 환원운동의 모체였던 것이다. 1950년 2월 감신대를 졸업하고 전도사로 파송된 이신은 이 지역에서 김은석의 성령 운동과 만나 자신의 삶을 달리 개척할수 있었다. 본래 부모에게서 받은 이름 '만수萬修'를 지우고 믿을 '신信' 자 하나로 개명했던 시점도 바로 이때였다. 그만큼 김은석 목사와의만남이 이신에게 카이로스가 되었다. 이신은 그리스도환원운동의 한국적 선구자로서 월슨의 민족자결주의를 한국에 알렸던 감리교목사였던 동석기(1881~1971), 일본 관서학원 출신으로 사회주의에 심취했던 감리교 소속의 강명석 목사(?~1941) 그리고 자신의직접적 스승 김은석 목사를 일컬었으나 이외에도 언급할 여러 명이있다. 구세군 출신 성낙소 목사(1890~1964), 목포 그리스도 교회를세운 최요한 목사(1923~1998) 등이 그들이다. 이하에서 이들 각자의 생애와 사상에 지면을 할애할 것이다.

　2022년 5월 말에 필자는 이은석 교수와 더불어 전남 영암 소재 상월 그리스도교회를 찾게 되었다. 한국전쟁 발발 당시 그곳에서 순교한 이들을 추모하는 예배에 참여키 위함이었다. 예배당을 순교 사적지로 지정하는 축하 예배였다. 주지하듯 한국전쟁 당시 영암지역도 좌우 대립이 극심했던 곳 중의 하나였다. 우선 국민보도연맹, 즉 좌익 사상에 물든 사람들을 전향시킬 목적하에 이승만은 이 단체에 속했다는 이유로―북쪽에 협력할 것이란 추정 탓에― 전쟁 전후로 수많은 민간인을 학살했다. 동시에 1950년 9월 서울 수복 이후 후방에 남겨진 빨치산들이 교회에 거점을 두고 반공 인사들을 처형하기 시작했다. 당시 상월교회도 그런 거점 중의 하나였던바, 그곳 교인들 35명이 그렇게 목숨을 잃었다. 이렇듯 양측에 의해서 희생된 사람 수가 영암이란 작은 지역에서만 만 명을 넘어섰다니 민족사에 있어 아픈 곳이 아닐 수 없다.

　여기서 영암 상월그리스도교회 이야기를 하는 것은 이곳이 자생적 환원운동을 일으킨 김은석 목사와 관계가 깊고 이 갈등을 치유코자 1952년경(?) 이신이 이곳에 담임 목사로 부임했던 인연 때문이었다. 본래 상월교회는 장로교회였을 것으로 추정된다. 이곳에 부흥강사로 왔던 김은석 목사의 감화를 받고 교회 전체가 그리스도환원운동을 수용했기에 오늘의 모습을 지닐 수 있었다. 당시 이곳 기독교인들은 신앙 열정과 확신을 갖고 찬송하며 죽음을 맞았다고 한다. 하여 이곳을 일제 치하의 제암리 교회와 견줘 보는 시각도 있다. 그곳이 제국 일본과의 관계에서 비롯한 비극적 장소였다면 이곳은 민족 간 좌우 이념 대결의 장으로서 그만큼 추앙할 가치가 있다는 것이다. 여기서 두 가지 궁금한 것이 있다. 김은석 목사의 환원운동, 성령 운동이 얼마나 강력했기에 교파 차를 무용지물로 만들었으며 죽음조차 두렵지 않게 했을까 하는 것이 첫 번째 물음이다. 두 번째는 김은석을 추종했던 이신이 어떤 이유로 안정된 충남 부여 목회를 접고 이곳에 부임했는가 하는 것이다. 순교 사건 이후 좌우 이념 대립의 여파를 수습할 목적이 있었던 것으로 추정되나 확실한 자료가 부족하다. 당시 김은석의 환원운동에 감동한 최요한 목사 역시 목포에 그리스도교회를 세워 본 운동을 확장시키는 일에 앞장섰다. 지금껏 목포 그리스도교회 전남 지역 내 그리스도교회를 대표하고 있다. 이렇듯 교회를 세우고 성장시켰으나 최요한은 화석화된 교리 (성서주의) 탓에 성령에 역점을 둔 순복음 교단에로 이적할 뜻을 갖게 되었다. 다행스럽게 김은석, 이신, 두 목사의 극구 만류로 뜻을 접었다는 기록이 남아 있다. 주지하듯 김은석 목사는 그리스도환원운동의 계보로는 상대적으로 후대에 속한 인물이다. 후술할 동석기, 성낙소 목사 등이 미국식 환원운동의 배경을 갖고 앞서 만주 혹은 이북 지역에서 활동하고 있었다. 하지만 성령 활동과 연루된 환원운동의 자생적 측면은 김은석의 경우가 특별하다. 물론 두 흐름이 연결, 하나로 통합되었지만 김은석의 자생적 환원운동은 애시당초 주로 충청, 전라 지역에서 펼쳐졌던 까닭이다. 이런 이유로 그리스도 환원운동의 역사, 곧 활동가들 삶의 궤적을 연대기와 무관하게 서술하겠다.

김은석(1902~1963) 목사는 한국 개신교의 거물, 함석헌, 김교신, 이용도 등이 태어난 다음 해에 출생했다. 이들에 견줄 때 그 영향력이 작지 않았음에도 불구하고 한국 개신교 역사에 거의 알려지지 않은 것이 유감이다. 앞서 말했듯이 영적 기독교를 설파한 이용도 목사와 공통점이 더 크다 할 것이다. 김은석은 황해도 평산 출신으로 한학 집안에서 태어났으나 중국에서 신학을 공부한 특이한 이력을 지녔다.* 인생 초반 장로교 소속 목회자로서 활동을 시작했지만 그를 환원운동으로 이끈 것은 모름지기 1930년대 중국 길림의 경험 때문이었다. 상해 임정에 대한 절망으로 본토를 떠나 길림으로 몰려든 조선인들의 상황과 치열하게 맞닥뜨린 것이다. 거듭 강조하지만 당시 길림은 수많은 이념과 종교들로 사분오열된 상황이었다. 대종교, 동학을 비롯하여 교파적 기독교, 사회주의 심지어 친일 세력 등이 더불어 존재했던 곳이었다. 미 선교사들 상당수도 이곳에서 활동했다. 조금 이른 시기 동석기 목사도 미 감리교 선교사로서

---

* 조동호, 『한국의 바울, 김은석 목사』 (시시울, 2010).

이곳에 머물렀다. 본토를 떠나 그곳에서 자립을 꿈꿨지만 갈등과 분열로 점철된 조선인들의 일상에 김은석은 복음을 전파했다. 그에게 성령의 역사는 사람을 치유하고 나라를 살리는 일과 다르지 않았다. 신사참배를 거듭 부정했던 그의 삶이 이를 반증한다. 앞서 밝혔듯이 김은석 목사에게 배웠던 상월교회 신도들의 경우 쫓기는 공산군에게 잡혀 죽음에 이르렀어도 오히려 그들을 위해 기도했다는 기록도 남아 있다. 이렇듯 수많은 차이를 하나로 엮는 힘을 일컬어 그는 성령의 역사라 했고, 그것을 독립이자 해방으로 여겼던 것이다. 이것이 해방 이후 자생적 환원운동의 모체가 되었을 것으로 필자는 판단한다.

해방 후 조선 땅으로 돌아온 김은석은 장로교회에 부임, 목회를 재개했다. 장로교 특성상 성령 집회를 불허했지만, 김은석은 100일 집회를 개최하면서 성령 역사를 강조했다. 1946년 장로교를 떠나 자생적 환원운동에 나선 직접적 계기였다. 같은 해에 부여에서 '신화 신학 성경연구회'—후일 한국 성서 신학교로 명칭을 달리했다—를 세워 환원운동을 확산시켰고, 1963년 임종 때까지 신학교육을 지속했다. 여기서 말하는 '신화神化'란 성령으로 거듭난 삶, 즉 성령 역사를 체험한 인간의 궁극적 변화를 지칭하는 말이었다. 한때 '신화 신학'은 동양적 의미를 물씬 풍기는 '경천학敬天學'이라 불리기도 했다. 본 연구 모임을 통해 김은석은 목포 그리스도교회를 세운 최요한을 비롯하여 성서연구자가 된 정찬성 목사 등을 키워냈다. 감리교 전도사였던 이신 역시 1950년 가을 김은석 목사와 만난 이후 이곳에서 배웠고 그와 함께 교수진으로 활동했다. 후학들에게 더 좋은 가르침을 주고자 이신은 50년대 중반 김재준의 조선신학교(한신대)에서 일정 기간 수학했다. 가족들도 잘 기억하지 못하나 당시를 증명하는 학생증이 지금껏 남아 있다. 우찌무라 간조를 따른 김교신의 무교주의와 결별하고 비非교회주의란 이름으로 활동했던 복음교회 창시자 최태용 역시 초창기 그리스도환원운동과 무관치 않았다. 무교회주의와 결별 이후 그는 김은석의 제자 중 감리교에서 환원에 참여했던 강명석, 최상현 등과 신학 동인지 활동을 같이 했었기 때문이다. 무교회주의와 변별되는 최태용의 비교회주의는 기존 교회를 비판 하나 교회 자체를 부정치 않았고, 성서 시대의 교회를 추구한다는 점에서 환원운동과 매우 흡사했다. 복음교회들 다수가 군산을 중심한 전라도 지역에서 뿌리를 내린 것도 이런 영향 사를 가늠케 한다. 여하튼 '신화신학 성경연구회'를 통해 배운 제자들의 열정으로 한국전쟁 전후로 충청 이남 특히 전라도에 지역에 70여 개의 교회가 세워졌다. 당시 김은석 목사가 강조한 환원신학에 근거해서이다. 교파 초월, 침수 세례, 그리스도의 교회라는 명칭이 강조되었다. 서구에서 유입된 교파적 색채를 벗고 그리스도의 교회로 거듭날 것을 주장한 것이다. 이를 위해 침례를 비롯하여 성서가 가르친 것을 그대로 수용코자 했고 그것을 오롯한 성령의 역사로 여겼다. '신화신학 성경연구회'라는 이름이 적시하듯 인간의 거듭남, 성령의 역사를 성서 말씀에 대한 확신의 산물로 믿은 것이다. 불고 싶은 대로 부는 성령의 활동은 인간이 만든 울타리를 부수고 모든 차이를 하나로 엮어내는 힘이 있는 까닭이다. 성령의 역사에 근거한 성서 통독, 이것이 김은석 목사의 환원신학의 골자였다. 그는 백일성경연구 집회를 선호했고 그렇지 못할 경우 1년 중 몇 한 달 집회를 수차례 이어갔다. 김은석의 신화 신학이 이용도 목사의 영적 기독교와 대단히 흡사했지만 성서 연구에 방점을 둔 탓에 변별력도 인정해야 할 듯싶다. 그럼에도 이들의 영적 활동과 교회에 대한 문제의식 그리고 죽음에 이르기까 지의 삶의 여정 등을 역사적으로, 신학적으로 비교할 필요가 있다. 이들 서로가 만났다는 기록은 없으나 교감했을 것이란 확신을 지울 길 없다. 김은석의 주변에 감리교인들이 적지 않았기 때문이다.

이후 김은석의 그리스도환원운동은 미국서 유입된 그리스도교 단과 합류되었다. 전자가 후자의 영향을 받아 생기한 것은 아니지만 지향하는 바가 같았고, 미 그리스도교단에서 영향 받은 한국인 목회 자들이 생겨났기 때문이었다. 다음 장에서 언급할 동석기, 성낙소 목사 등이 대표적인 경우였다. 하지만 이 과정에서 장단점 모두가 드러났다. 교세가 커지고 신학교 체제라 갖춰졌으며 선교사들 지원 하에 활동 규모가 커진 것이 장점이라면 반면 그리스도교단의 미국 식 분열을 그대로 수용해야만 했다. 미국 그리스도교단 내 진보적 그룹과의 관계를 단절시킨 것도 엄청난 손실이다. 무엇보다 안타까 운 사실은 이 과정에서 성령 역사의 폭을 좁혔고, 민족 차원을 잃은 성서주의로 협소화되어 버린 것이다. 한마디로 자생성을 잃은 결과였다. 감리교 목사 동석기가 그리스도의 교회 선교사로 재입국한 것도 길림에서의 경험과 무관치 않을 것이다.

　김은석에 이어 초기 환원운동의 정착을 위해 애쓴 동료들 몇 사람을 더 소개할 필요가 있다. 그 끝자락에 자리했던 이신은 김은석 외에 동석기 목사(1881~1972), 성낙소 목사(1890~1964)를 중요 인물로 꼽았고, 이 운동의 선구자로 여겼다. 하지만 이에 더해 강명석 목사(1897~1941)와 최상현 목사(1891~1950) 등을 더 언급해야 한국 기독교 역사 속 사조로서 충분한 설명이 될 것 같다. 사실 이들 간의 유사점과 차이가 적지 않다. 다수가 감리교 출신들이지만 구세군에서 탈주한 사람도 있었다. 길림 지역서의 목회 경험 유무도 이들을 달리 볼 수 있는 근거가 된다. 무엇보다 자생성에 방점을 찍은 환원운동과 서구 그리스도의 교회의 그것과의 구별도 필요하다. 상호 연합하여 한 줄기를 이뤘지만 작금의 현실에서 개별 영향사를 반추할 필요가 있다. 그럼에도 이들 모두는 애국운동과 신앙운동, 민족과 기독교의 관계를 새의 두 날개처럼 생각했던 공통점을 지녔다. 필자는 이를 그리스도환원운동이 지닌 장점 중의 하나라 여긴다. 여하튼 이 모든 것을 종합적으로 판단할 때 사조로서의 환원운동이 옳게 설명될 수 있을 것이다.

　동석기 목사는 하와이 이주(1903) 첫 세대로서 시카고 게렛신학교 졸업 후 미 감리회 소속 목사로 10년 만에 귀국하여 원주, 인천, 서울, 수원 등지에서 교회를 개척하여 목회했다. 인천 내리교회는 그가 세운 대표적 교회로 알려졌다. 당시 그는 신앙과 신학만 가르친 것이 아니라 민족의식도 고취시켰으며, 그 스스로 3.1운동 당시 파고다공원 집회에 참석하여 만세시위를 주도했고, 그 죄목으로 반년 넘게 옥살이를 했다. 이에 앞서 유학 경험을 통해 서구 정세에 쉽게 접할 수 있었던 그는 W. 윌슨의 민족자결주의를 한국 교회 대표자들에게 소개하였다. 물론 이 선언이 식민지를 소유한 서구 강대국들을 위한 것이었으나 당시 독립운동을 추동한 것은 틀림없다. 미국 선교사로 귀국한 탓에 정작 33인의 민족대표에 이름을 올리지 못했지만 이후에도 미국을 통해 조선의 독립 의지를 파리강화회의에 전하고자 애를 썼다. 독립운동이 실패로 끝나자 동석기는 안창호를 비롯하여 손정도, 김창준이 활동했던 길림 지역으로 이주(1922)했다. 그곳에서의 활동 기록을 찾지 못해 유감이나 추측할 여지는 있다. 누차 말했지만 당시 길림은 조선 땅 이상으로 선교의 요지였다. 일제의 탄압을 피해 땅과 자유를 얻고자 사람들이 모였기 때문이다. 이상촌 운동이 펼쳐진 것도 이런 배경에서였다. 하지만 동시에 그곳은 이념 및 종교 간 갈등 그리고 조금 나중이지만 그곳에 만주국이 세워진 후(1930) 친일/반일의 세력들이 공존하던 곳이었다. 1년 남짓한 활동을 통해 동석기는 국토 회복을 위한 민족운동뿐 아니라 사람 영혼을 하나로 엮는 신앙 운동의 중요성을 여실히 깨달았다. 이런 경험이 그를 다시 미국으로 내몰았고, 거기서 환원운동과의 만남이 이뤄졌다. "미국 환원운동의 초기 역사"를 주제로 석사학위 논문으로 제출할 만큼 신학을 다시 공부했던 것이다. 이전 세례를 부정하고 침수 세례를 재차 다시 받은 것으로 알려졌다. 결국 그는 감리교를 탈퇴했고(1929) 그리스도의 교회(Churches of Christ) 소속 선교사로서 조선 땅에 재입국(1930)하여 함경도 북청, 자신의 고향에 한국 최초 그리스도의 교회를 세웠다. 한국전쟁 이후에는 주로 서울, 부산 등지에서 교회를 개척, 목회했기에 충청, 호남 지역의 김은석 목사와의 조우가 그리 잦지는 못했다. 지역적 이유만큼이나 자생성을 강조한 김은석과 목회 방향이 달랐던 것이 한 이유가 아닐까 싶다. 그럼에도 그는 미 선교부와 가교 역할을 하며 오늘의 한국 그리스도의 교회를 안착시키는 큰일을 감당했다. 이어 논할 성낙소 목사는 본디 자생적 그리스도 교회를 세웠으나 김은석과 달리 동석기를 비롯한 선교사들과의 협력 관계를 유지하며 환원운동을 체제(조직)로 만드는 일에 일조했다. 자생적 환원운동과 선교사들의 교회가 공존을 넘어 하나로 연합될 수 있는 계기를 만든 것이다. 이 과정에서 환원운동의 속살이 어찌 달라졌는지는 후학들이 성찰할 주제가 되었다.

성낙소 목사는 1919년 당시 충북 영동 지역에서 동학당 의병에 가담하여 만세운동을 주동했던 인물이었다. 본래 그가 동학교도였다고 사료되는 지점이다. 그런 그가 구세군 목사가 된 것은 구세군을 일본을 물리칠 수 있는 서양 군대로 여긴 탓도 있을 것이다. 실제로 구세군이 일제 치하에서 세를 늘릴 수 있었던 것은 이런 애국심 덕이었다. 이런 연유로 목사가 된 이후에도 신사참배를 끝까지 거부한 존재가 되었다. 그는 1927년에 이미 자기 교세 확장에만 관심하는 교회의 비성서적 태도에 절망하며 성서에 근거한 오롯한 복음을 가르쳤고, 이 땅에 최초로(1927) 충남 부여에서 자생적 '기독의 교회'를 세웠다. 후일 그가 그리스도의 교회를 만나 그에 속한 탓에 성낙소 목사는 자생적 그리스도의 교회 설립자로 칭송되었다. 성령 운동을 일으킨 김은석의 그것과 꼭 일치하는 것은 아니겠으나 뜻과 취지에 있어 다르지 않기에 이런 평가도 틀리지 않다. 1930년 일본에서 성낙소는 미국서 유입된 그리스도의 교회를 처음 접했다. 거기서 조선 지역 선교 책임자가 된 커닝햄 선교사를 만났고, 전술했듯이 성낙소는 미 선교사들과의 유대를 돈독히 하며 그리스도의 교회 내실을 다졌다.* 동석기를 비롯한 몇몇 인사들이 성낙소 목사의 기독의 교회에 힘을 실어 준 기록이 남아 있다. 순수에 대한 열정과 이런 배경을 지녔던 성낙소는 그리스도의 교회가 일본 기독교단에 편입되는 것을 막았고, 신사참배로부터 교회를 지켜낼 수 있었다. 해방 후(1946) 그는 그리스도의 교회로의 환원을 위한 제 교파들의

---

* 오수강, 『성낙서 목사 자서전 ─ 기독의 교회와 성낙소와의 관계』, 그리스도의 교회연구소편, 1999.

'합동 선언문'을 발표했다. 성서보다 자기 교파를 앞세우는 기독교의 내부적 문제를 치유, 해결할 목적에서였다. 20여 개 교파에 속한 수십 개 교회가 힘을 합쳐 그리스도의 이름으로 하나 될 것을 선포했다. 그리스도의 교회가 시대의 당면 과제를 선취했던 뜻깊은 사건이었다. 이를 일컬어 '각파 합동통일운동'이라 지칭했다. 하지만 순수성을 위해 통일을 강조했으나 건강한 다양성을 용인 못한 탓에 정작이 운동은 본뜻과 달리 성서문자주의, 즉 획일성으로 귀결되고 말았다. 사도들 전통으로 돌아간다는 것과 작금의 성령의 활동을 별개로 생각한 결과였다. 순수성을 위해 자생성을 포기했다고 말할 수도 있을 것이다. 성령의 시대라 일컬어지는 오늘의 시각에서 자신들 미래를 위해 깊이 성찰할 사안이다.

강명석 목사는 일본 관서신학원에서 수학한 감리교 목사였다. 1935년 환원운동에 몸담았지만 해방 전 이른 나이에 작고했기에 앞선 이들보다 상대적으로 기록이 적게 남았다.* 강명석은 일본서 사회주의, 마르크시즘에 심취한 이력을 지녔다. 당대 사회주의 연구에 있어 권위자로 평가될 정도였다. 감리교 목사로서 잠시 종교교회에 적을 두었을 때 문필가로서도 이름을 날렸다 한다. 환원운동으로 방향을 바꾼 후 그가 앞서 품었던 사회주의 이상은 하나님 나라

---

* 서제룡, 『한국 그리스도의 교회 초기 지도자 강명석의 생애와 사역』 (그리스도대학교, 2010).

운동으로 바뀌었고, 그럴수록 교회 일치에 대한 열망을 키웠다. 교회 일치를 통해 사회주의 이상을 실현시킬 수 있다고 믿었던 것이다. 그렇기에 살아생전 동석기, 성낙소 목사 등과 친밀했으며 환원운동에 온 힘을 바쳤다. 하지만 앞선 이들이 환원 자체에 초점을 두었다면 강명석의 경우 일치에 무게중심을 두었다. 환원의 목적은 결국 현실 속 일치로서 나타나야 마땅하다 여긴 것이다. 한때 사회주의를 연구했던 사람으로서 당연한 발상이겠다. 그럼에도 일치는 다양성의 소멸이란 부정적 결과를 낳을 수도 있다. 근원에 대한 순수성이 현실과의 여실한 조우를 방해할 수 있기 때문이다. 최상현 목사도 언급할 지면이 있어야 할 것 같다. 그는 연희전문 문과를 졸업했고, 감리교신학대학의 전신인 협성신학교에서 신학을 공부한 후 1929년 미 감리회 조선연회에서 목사 안수를 받았다. 동대문교회 전도사를 거쳐 궁정교회에서 사역했고, 전영택, 이은상 등과 함께 기독교 문필 활동에도 참여했다. 독립선언서 영역하는 일에 관여하다가 구속, 수감되었고, 짧은 기간 동안 중국으로 망명, 피신한 기록도 남아 있다. 그는 당시 협성신학교가 내는 「신학세계」의 책임 편집자였고, 대한 성공회에서도 역할 할 만큼 고도의 능력을 지닌 최고의 엘리트 목회자였다. 그런 그가 성낙소 목사와 인연 맺은 체이스 선교사를 만난 후 그리스도의 교회로 전향한 것은 쉽게 설명되지 않는다. 사분오열된 개신교 현실에 절망했고, 낯선 체험이 그에게 임했던 까닭이겠다. 한국전쟁 당시 납북 과정에서 실종되어 이른 나이에 소식이 끊긴 것이 매우 안타깝다. 그의 자녀들이 대를 이어 그리스도의 교회에 책임자로 일하고 있으니 다행이라 할 것이다. 하지만 선교사들과 동역하며 환원운동을 제도화시키고 교육기관 설립에 기여했음에도 자생성을 지켜내지 못했고 환원운동을 교리 적 보수주의로 퇴행시킨 점에서 반성, 성찰할 부분이 많다. 이런 차원에서 이들 환원운동가들의 끄트머리에 자리했던 이신의 문제 의식이 중요하다. 김은석 목사의 성령 운동을 통해 환원 의식의 새 차원을 열고자 했던 까닭이다.

이상에서 그리스도환원운동에 몸담았던 중요 인물들 몇 사람을 언급했다. 이들—김은석, 동석기, 성낙소, 강명석—은 모두 이 운동 의 끝자락에 위치했던 신학자 이신이 선택한 사람들이었다. 주지하 듯 이신은 이들 모두를 자생적 환원운동의 선구자로 자리매김했다. 하지만 필자는 이들 중 특별히 김은석에게 방점을 찍었다. 자생성을 중시한 이신의 관점에서다. 나머지 인물들의 경우 일본 등지에서 미 선교사들과 짙은 교감을 나눴던 반면 김은석은 길림을 경유하여 충청, 호남 지역에서 자생적 성령 운동을 펼쳤던 까닭이다. 그럼에도 이들을 자생적 환원운동가로 묶을 수 있는 근거는 충분하다. 미국식 환원주의 사조를 공부하고 귀국했던 동석기의 경우 북녘땅 곳곳에 서 다수의 애국적 그리스도의 교회를 세웠으며, 성낙소 역시 후일 미 선교사들의 영향을 받았으나 '기독지교회基督之敎會'란 이름으로 최초의 성서적 교회를 이 땅에 세웠던 인물인 까닭이다. 일본을 거쳐 미 남부 밴더빌트 대학에서 환원운동을 접했던 강명석 또한 비교파적 교회를 이 땅에 세우고자 했다. 서구서 유입된 교회가 저마다 교파적 기독교를 전할 때 이들은 그리스도에게 돌아갈 것을 말했고, 여타 교파들 보다 낙후, 열악한 도서 지역을 선교의 장으로 삼았던 것이다. 따라서 이들의 환원운동 역시 나름 근원성, 자생성, 나아가 애국성(민족주의)을 담보, 강조했다고 봐야 옳다.

그럼에도 거듭 말했듯이 이신은 김은석 목사와의 관계를 중시했다. 그가 활동했던 지역이 김은석과 거의 중첩되었기 때문이기도 하지만 무엇보다 그가 환원운동을 성령 활동 차원에서 힘 있게 증거했던 까닭이다. 이신이 감리교단을 떠나 환원운동에 몸담은 것은 서양 선교사의 영향 탓도, 서구 신학의 세례 탓도 아니었고 김은석 목사와의 오롯한 관계, 성령 활동에 기인한 것이었다. 그렇기에 그는 김은석과 함께 10여 차례 이상 선교 활동을 함께 했고, 후학들을 위한 성서연구회도 공동으로 이끌었으며, 그가 세운 영암 지역의 상월리 교회에 파송된 적도 있었다. 이런 연유로 이신은 자신을 환원운동으로 이끌었던 김은석 목사를 비록 학문적 관계는 아니었으나 스승으로 여겼고, 성령 운동에 기초한 그의 자생성을 높이 평가했다. 이것이 후일 토착화신학과의 만남을 예견할 수 있는 지점이라 생각한다. 환원운동과 연루된 이신의 학문적, 목회적 관심은

1970년경 유학 전후를 통해서 질적 변화를 겪었다. 물론 전후 간의 연결점, 연속성이 의당 존재하겠으나 성서 시대로 고정된 환원 사상에 머물지 않았기 때문이다. 하여 당대 그로부터 배운 학생 중에 정작 '환원'이란 말보다 '자유', '창조'란 말을 더 많이 들었다고 증언하는 제자들도 있다. 환원을 말하더라도 그에게서 여타 학자, 목회자와는 다른 차원을 배웠다는 증언도 청취할 수 있었다. 근원으로 돌아가자는 뜻을 지닌 '환원'만큼 급격한 요청이 없을 것이지만 환원을 성서주의로 소급시키지 않았던 탓이다. 그럴수록 유학 전후의 이신을 변별하여 볼 이유가 너무도 많다. 따라서 밴더빌트 대학에 제출한 전위묵시의식을 주제로 썼던 신학박사 논문—『슐리얼리즘과 영의 신학』*에 번역되어 실렸다—이 대단히 중요하다. 더구나 유학 중 슐리얼리즘 사조를 표현한 화가로서의 작품 활동이 본인 신학 작업과 맞물리며 이신은 환원을 달리 해석했고, 그 차원을 승화시켰다. 귀국 후 이신은 동학 창시자 최제우의 종교 체험을 전위적 묵시의식의 차원에서 살핀 글도 발표했다. 신학자로서 체제 및 문명 전환을 꿈꾼 민중적 동학 사상을 연구했던 개신교 최초 논문이 아닐 듯싶다. 필자가 "토착화, 기독교사회주의 그리고 그리스도환원운동의 통섭"을 주제로 이 글을 쓰고자 한 것도 그의 신학 속에서 이런 모티브들이 얽혀있음을 보았기 때문이다. 이 작업에서의 본격적

---

* 이신/이은선 · 이경 엮음, 『슐리얼리즘과 영의 신학』(동연, 2011).

이행 전에 유학 이전의 이신 목사의 생애를 전기적 차원에서 서술할 것인 바, 이후의 이신과의 변별성은 물론 그와의 연결고리를 드러낼 목적에서다.

이신(1927~1981)은 여수 돌산 출신으로 부산에서 공부했다. 상대적이지만 어렵지 않은 환경에서 태어났기에 가능한 일이었다. 그가 다녔던 초량상업학교(부산상고 전신)는 은행 취직을 최고로 여기던 당시 풍습에 따르면 명문 중 하나였다. 졸업 후 일정 기간 은행원으로 안정적 삶을 추구한 적도 있었다. 하지만 학생 때부터 미술을 좋아했던 그는 부산 지역 도서관에서 일본어로 쓰인 온갖 미술 서적을 섭렵했다. 60년대 말 미국 유학 시절에 심취하여 화폭에 표현한 초현실주의 사조 역시 이 시기에 학습한 것으로 사료된다. 일제 강점기, 어린 나이에 국전에 입선한 기록도 남아 있다. 미술에 뜻을 둔 까닭에 은행 업무는 그를 만족시킬 수 없었다. 그 시기 기독교를 받아들인 선친의 영향 탓도 있겠으나 이신은 더욱 '근본'을 추구하며 신앙에 뜻을 집중시켰다. 미술보다 더 근본적인 것, 그림을 가능케 하는 근원적 상상력(종교성)에 대한 관심 때문이었다. 해방 직후 집안의 반대가 컸으나 결국 미술 도구를 팔아 얻은 돈을 갖고 감리교 신학교에 입학했다. 두 세대에 걸쳐 의병과 독립군으로 활동한 국가 유공자 가정의 딸 정애 여사와의 결혼도 이 무렵의 일이었다. 기울기 시작한 가계도, 돌봐야 할 여러 동생들도 부담이었으나 그는 이렇게 신학의 길을 택했다. 엄청난 부담이었을 것이다. 재학시절 기록이

별로 없어 가늠할 수 없으나 그와 같이 수학했던 몇 명 감리교신학대학교 동기생들—김준영 목사, 곽철영 목사 등—은 이신을 예사롭지 않은 학생으로 기억했다. 졸업 후 1950년 봄 그는 충청남도 전의에 감리교 전도사로 파송되었으나 곧이어 발발한 한국전쟁 탓에 낙향했고, 1951년 전남 광주에서 김은석 목사를 만날 수 있었다. 그가 인도한 어느 집회에서 성령 역사를 체험했고, 이후 자생적 그리스도 환원운동에 몸담게 되었다. 여기서 무엇이 그를 또다시 전향토록 했을지를 되묻지 않을 수 없다. 그림을 버리고 신학의 길에 들어섰고, 감리교 목회자의 삶이 시작되었음에도 그조차 버릴 수 있는 용기와 결단이 궁금하지 않을 수 없다. 가계 형편도 기울었고, 자녀도 생겼으며, 돌보아야 할 형제들도 여럿인 상황에서 주류교단인 감리교는 그에게 최소한의 안정을 보장하는 토대였을 것이다. 추측컨대 이런 결단 이면에서 우리는 한국전쟁이 야기한 민족적 아픔, 감당할 수 없을 만큼 강렬한 성령의 역사, 그리스도환원운동의 자생성 등을 그 요인으로 가늠할 수 있을 것 같다. 바로 이것이 자신을 유지, 존속시킬 수 있는 근거(교단)마저 허물면서 '근본'이란 보물을 더욱 추구했던 동력이었던 것이다. 가족들 증언에 따르면 쫓기는 공산군에게 친족을 잃기도 했는데 살아생전 그는 이 아픔을 결코 내색하지 않았다고 한다. 가족 및 민족사의 비극을 신앙적으로 승화시키면서까지 그는 증오를 초극한 그리스도의 삶을 추구했던 것이다.

　이렇듯 자생적 환원운동에 몸담은 이신은 1951년 광주에서 그리스도의 교회 목사 안수를 받았고, 부여 합송리에서 첫 목회를 시작했다. 목원대학교에서 은퇴한 감리교단 소속 한국 교회사가 김흥수 교수가 어린 시절 이 교회를 다녔다고 증언했다. 이곳에서 이신은 김은석, 성낙소 목사와 더불어 '신화신학 성경연구회', 즉 자생적인 그리스도의 교회 신학교에서 가르쳤다. 이미 말했듯이 '神化신화'는 인간이 성령 역사로 전적으로 다른 존재가 될 수 있다는 뜻이다. 본디 광주에서 시작된 이 학교는 부여를 거쳐 지금 서울 소재 기독교 신학대학교로 발전되었다. 부여 시절부터 이미 외국 선교사들이 신학교 운영에 참여한 상태였다. 환원신학을 대표하는 잡지 「로고스」─희랍어로 쓰인 '로고스'란 표지 글자는 이신이 서각한 것이다─도 이곳에서 시작했고, 이후 그리스도의 교회 기관지로서 자리매김 되었다. 이런 급격한 변화 속에서 이신은 부모가 명한 이름 萬만 자 修수자를 믿을 信신자, 외자로 개칭하며 자신의 삶을 달리 방향지었다. 그리스도를 오롯한 그루터기로 삼아 자기 삶을 그곳에 붙잡아 두려는 의지의 표현이었던 바, 그것은 환원에 대한 주체적 자각 내지 승인의 발로였다. 하지만 이 과정에서 이신은 난관에 부닥쳤다. 주체적 신앙관에 따른 선교사들과의 갈등, 성령의 역사를 성서 시대로 한정하는 정통, 합리주의자들과의 논쟁 등이 그것이다. 독립 이후에도 외세의 간섭 탓에 정치적 자주성을 박탈당한 현실에서 신앙의 문제까지 외국 선교사들에 의해 좌지우지되는 현실에 동조할 수 없었다. 그럴수록 성령의 현재적 역사를 부정하며 성서주의자로 변질되는 것에 이의를 제기했다. 환원을 말하면서도 '제도'에 안주하며 정작 가난한 자를 외면하는 교계 현실이 마땅치 않았던 것이다. 그럴수록 이신은 '환원운동' 그룹 내부에서 비주류로 살아야만 했다. 그가 부여를 떠나 영암 상월리 교회로 이적한 것도 이념적 갈등을 치유코자 한 것 외에도 이런 배경에서 이해할 측면이 있을 듯하다. 교회와 신학교가 선교사들 의존도를 높여갈수록, 환원운동이 성서주의로 변질될수록 그는 자신의 비주류적 삶을 견뎌내야만 했다. 서울 등지에서 교회를 섬길 기회가 있었지만 정작 이견 차로 이신은 거듭 변두리로 내몰렸다. 충북 괴산의 작은 촌 소수에 정착하여 손수 돌로 교회를 짓고 자신 뜻을 펼치고자 했다. 이런 영향은 유학 이후까지 지속되었다. 70년대 초 아주 이른 시기에 미 남부권 명문인 밴더빌트신학대학교에서 신학박사 학위를 취득했음에도—같은 시기 동문인 주류 신학자들로서 서광선, 박봉배, 고범서 등과 같은 기라성 같은 학자들이 있다— 그는 죽는 날까지 떠돌이 강사로 머물렀다. 감리교단과는 연이 끊겼고, 정작 그리스도의 교회 측으로부터는 경원시된 탓이었다. 그럴수록 이신은 '환원'의 요체를 '전위묵시의식'으로 확대 재구성시킨 자신의 박사 논문을 근거로 이 운동의 새 차원을 열어젖히고자 했다. 후술하겠지만 귀국 후 1974년에 그가 평신도, 목회자들과 함께 선포한 '한국 그리스도교회의 선언'은 교회의 유기체성과 한국적 특성을 강조한 것으로서 기독교사회주의와 토착화 사조와의 한 몸 짜기의 가능성을 드러내 준 것이라 판단한다.

4장

토착화신학, 기독교사회주의 그리고 그리스도환원운동의 통섭
─ 李信의 슐리얼리즘 신학의 시각에서

창조성

민중성

토착성

역사유비

유기체성(교회)

이상의 글에서 토착화신학 사조, 기독교사회주의 그리고 그리스도환원운동의 흐름과 특색을 살펴보았다. 주지하듯 토착화신학은 한국 신학의 한 트렌드로 자리 잡았으나 기독교사회주의와 자생적 환원운동은 그 중요성에도 불구하고 폄하되거나 왜곡된 채 묻혀있었다. 가장 큰 이유로는 해방 전후 공간에서 우익 민족주의가 대세를 이뤘던 까닭이다. 제국 치하에서 민족주의, 사회주의 그리고 기독교가 각축을 벌이며 해방 독립을 추구했지만, 기독교는 결국 사회주의 대신 민족주의와 손잡고 말았다. 우익 성향의 민족주의는 사회주의와 반목했고 기독교 역시 기원 및 이념 상 소련보다는 미국을 택할 수밖에 없었다. 오히려 해방 이후 기독교는 미국 지원을 받는 우익 정치 세력에 큰 힘을 실어 주었다. 그럴수록 기독교사회주의자들 역시 해방공간에서 발붙일 곳이 없었다. 민족만이 아니라 그 속에 내재된 계급 문제를 인식한 것이 남북 대립 구도 속에서 올무가 되었던 것이다. 이는 초창기 토착화신학이 앞서 생긴 동학, 천도교보다는 유불선 종교들, 특히 당대 지배 이념(종교)인 유교와의 관계(연속)을 중시했던 것과 내용에 있어 그 속살이 다르지 않다. 이념상 대척점에 있던 사회주의, 공산주의보다 민족 종교들을 적극 수용했으나 동학은 결코 아니었던 것이다. 사회 역사성이 짙은 동학과 같은 민중 종교를 적극 수용할 수 없었다. 앞서본 대로 탁사 최병헌의 경우 동학교도들을 교화시켜 회유하는 역할을 수행한 바 있다. 사실 동학, 천도교인들 중에서 기독교의 경우보다 더욱 급진적인 사회주의 운동가들이 적지 않았다.* 기독교사회주의자들이 그랬듯이 월북하여 공산주의 체제에 협력하는 세력(청우당)도 존재했다. 하지만 기미년 독립선언과 상해 임정 활동에 기여했던 동학, 천도교의 공헌은 기독교를 앞섰다. 그렇기에 사회주의를 부정했던 것과 동일선상에서 동학, 천도교의 역할을 축소시켰던 기독교의 과오가 크고 많다. 기독교사회주의와 동학, 천도교의 재평가가 우리 몫이 된 것이다. 그럴수록 우익 민족주의의 토양에서 성장한 토착화신학 사조에 대한 반성이 필요하다. 나라를 되찾았기에 민족 내부의 갈등을 사소한 것으로 치부했고, 반공주의 체제 속에 안주했던 실책을 고백해야 할 때가 된 것이다. 동시에 기독교사회주의가 분단 체제 속에서 경직, 공산화된 것 역시 비판적으로 성찰할 논제이다.

보았듯이 자생적 환원운동은 서구에서 유입된 교파적 기독교를

---

* 강경석 외, 『개벽의 사상사』 (창비, 2022), 90–142.

벗고자 이 땅에서 생기한 신앙 운동의 역사적 형태였다. 서구 선교사들과 관계를 맺기도 했지만, 교파 초월한 한국적 그리스도의 교회를 세웠던 자의식은 타 종파의 추종을 불허했다. 이것은 애시당초 민족 운동과 신앙 운동을 둘로 나눠 생각하지 않았던 초창기 환원운동의 영향력 때문이었다. 민족 독립의 의지를 주체적 신앙의 자각으로 확장시킨 결과이기도 했다. 역사화된 서구적 기독교의 수용에 만족하지 않고 성서 속 그리스도 신앙과 접하려는 영적 주체성의 발로이자 표현이라 봐도 좋겠다. 한국전쟁 당시 가장 낙후된 충청과 호남 지역에서 시작된 환원운동은 이념 문제는 물론 계급 갈등마저 보듬을 수 었었다. '오직 성서'라는 종교개혁 전통에 근거하여 그리스도 안에서의 일체 차별을 부정했던 까닭이다. 앞서 언급한 영암 상월리 교회가 이런 역사를 증언해 주었다. 하지만 그리스도의 교회가 정착되는 과정에서 이 운동을 성서주의로 환원시킨 것은 패착이었다. 기독교의 본질을 과거 시점에 못 박았던 결과로서 이는 성령 역사에 대한 편견 및 오해에서 비롯했고, 이를 고착화시킨 누를 범했다. 그럴수록 자생성의 본래 의미는 쇄락했고, 서구 의존적이 되었으며, 이 땅의 종교 문화는 물론 세상과 불통하는 보수성을 정체성으로 삼아야 했다. 이는 단적으로 김은석 목사 계열의 성령 운동이 창조적으로 계승, 발전되지 못한 탓이라 할 것이다. 이 점에서 그리스도환원운동이 엄청난 보화를 품었음에도 특정 교단의 슬로건으로 축소, 변질된 것은 애석한 일이다.

주지하듯 이 글의 집필 목적은 이들 사조의 약점과 오류를 바로잡아 새로운 틀로 엮어내기 위함이었다. 세 사조는 역사적으로 공통점을 지녔기에 통섭이 어렵게 여겨지지 않았다. 무엇보다 20세기 초엽 주로 감리교를 배경하여 태동했다는 사실이 상호 중첩된다. 이는 당대 여타 교파의 기독교와 견줄 때 특별한 현상이 아닐 수 없다. 토착화, 기독교사회주의 그리고 그리스도환원운동은 서구 중심의 기독교와는 처음부터 결을 달리했다. 우익 민족주의에 바탕했으나 토착화 사조는 '신앙유비'의 종교개혁 전통에 포섭되지 않았고 기독교사회주의는 부르주아적 기독교에 반한 러시아, 중국 등의 영향을 받았으며 환원운동 또한 영적 주체성의 산물이었기 때문이다. 이런 사조들이 주로 감리교 토양에서 발아한 것은 감리교가 '해석'을 강조하는 자유주의 전통에 잇대었던 결과였다. 1930년데 초반 감리교회는 함께 유입된 장로교와 달리 기독교의 복음적, 한국적, 생명적 특성을 강조, 선포했다. 그렇기에 이 땅의 종교문화가 소중했고 성서적 근원성을 강조했으며 골 깊은 계급적 현실에도 눈을 돌릴 수 있었다. 이뿐 아니라 세 사조를 대표하는 인물들 거지반이 당시 길림 지역으로 이주했던 한인들을 상대한 목회 경험을 공유했다. 김창준, 손정도의 경우 정동교회에서 최병헌과 공동목회를 했기에 그의 영향사를 함께 생각해도 좋겠다. 여하튼 기미 독립선언 이후 이곳에서 경험한 애국, 애족 운동은 제 사조들 안에서 각각의 방식으로 중추적 역할을 했다. 만주국 건립 전후로 시차를 두고 그것이

누군가에게는 더욱 사회주의적으로 어느 경우는 더욱 신앙적 방식으로 전개되었지만 말이다. 여기서 한 번 더 강조하고픈 것은 초창기 그리스도환원운동가들이 민족주의적 애국 운동과 연루되었고, 마르크스 연구자들 역시 그들 속에 존재했었다는 사실이다. 또한 "東洋之天卽西洋之天동양지천즉서양지천"이란 말과 함께 "천부의 인권을 빼앗기는 것이 가장 큰 죄"라는 최초의 토착화신학자 최병헌의 말을 손정도, 김창준과 연계시켜 이해할 부분이 있다. 하지만 이렇듯 연결 고리가 있었음에도 세 사조는 각기 다르게 전개되었다. 역사 속에서 그 실험을 실패한 탓에 기독교사회주의와 환원운동이 한국 신학의 핵심 광맥으로 평가받지 못했을 뿐이다. 토착화신학의 경우 예외지만 변선환 사후 교회와의 대립으로 위상이 축소되었고, 정치적 현실에 대한 불감증으로 세인의 주목에서 멀어졌으니 안타까운 일이다. 이런 현실에서 우리는 앞선 여러 공통점을 공유했고 나름 발전시킨 신학자 이신을 소환하여 이들 세 사조를 통섭할 토대를 얻고자 한다.

주지하듯 감신대에 입학했던 이신은 4년간 그곳 학풍을 충족히 익혔다. 하지만 본디 '근본'을 추구했던 그는 졸업 후 환원운동을 접한 탓에 감리교마저 떠나야 했다. 그렇지만 그리스도 교단에 속했으면서도 이신은 이용도의 성령 운동은 물론 이세종, 이현필 등의 영성가들을 좋아했다. '근본' 이상으로 자생성에 대한 관심이 컸기 때문이었다. 예수를 믿는 것만으로 부족하고 예수의 '마음'을 알아채는 것이 필요하다 역설했다. 이는 '오직 믿음'을 내세운 종교개혁 전통과 결이 다른 것으로 성령 운동의 영향사 속에서 이해될 수 있다. 귀국(1971) 직후 그는 해천 윤성범, 일아 변선환 등 토착화신학 자들과도 깊이 교제했고, 특히 윤성범이 주도한 한국종교사학회 회원으로서 류승국 선생을 비롯한 유불선의 대가들과 사상적 교감 을 나눴다. 이 과정에서 놀라운 것은 앞선 토착화신학자들이 간과했 던 동학, 최제우의 종교 체험을 전위前衛(아방가르드) 신학 차원에서 서술했다는 점이다.* 이로써 그는 동학을 신학적으로 풀어낸 거지 반 최초의 신학자가 되었다. 수운을 예수만큼이나 꿈과 이상, 상상력 을 지닌 전위 사상가로 자리매김했던 것이다. 민중들 삶보다 더 가난하게 살았음에도 가난보다 더 큰 문제가 상상력의 부패와 빈곤 인 것을 역설한 결과였다. 이런 신학적 입장은 기존 토착화신학이나 민중신학의 범주에 충족히 편입될 수 없었다. 왜냐면 이신에게 있어 '환원'의 귀처歸處가 항시 중요했던 까닭이다. 거듭 '근본'을 생각해야 만 했던 것이다. 하지만 그에게 있어서 '근본'은 성서주의로의 회귀가 결코 아니었다. 그에게 미국 유학은 바로 이 문제를 풀기 위한 노력의 일환이었다. 이신의 박사 논문은 그리스도교 환원운동의 재론 및 이들 사조의 통섭을 위해서도 대단히 중요한 역할을 할 것이다.

이신은 기독교의 근본을 '묵시문학'에서 찾았고, 그 속에 담긴

---

* 이신, "최제우 사상," 미간행 논문 (1972).

원형적 의미를 현상학적 관점으로 해석하여 아래의 의미로 재현시켰다. 밴더빌트대학에 제출했던 그의 박사 논문 제목은 다음과 같다: "전위 묵시문학 현상: 묵시문학의 현상학적 고찰"(1971). 이 논문은 『슈리얼리즘과 영의 신학』*에 번역되어 실려 있다. 성서 신학과 조직신학 경계를 허물며 환원의 귀처로서 '근본'을 묻고 이를 성령론적으로 재해석하는 논리(과정) 속에서 통섭 주체로서 환원신학의 새 차원이 드러날 것이다. 이하 글에서 필자는 그의 박사 논문을 비롯하여 두 차례 시도했던 '슈리얼리즘 신학 서설'들 그리고 그가 남긴 그림 이야기 등을 살펴 통섭(한 몸 짜기) 원리를 찾고, 그에 터한 슈리얼리즘 신학 내용을 서술하겠다.

감리교단을 떠나 자생적인 그리스도환원운동에 15년간 몸담았던 이신은 1966년 미국 유학을 떠났다. 기독교의 근본을 철저하게 추구할 목적에서였다. 국내에서 경험한 선교사들과의 갈등을 신학적으로 해결하고 싶었던 것이다. 6년 가까운 세월 동안 듀크, 네브라스카대학을 거쳐 환원운동의 산실인 밴터빌트대학에서 묵시문학을 주제로 박사학위를 받았다. 보았듯이 이곳은 동석기 목사 등 환원운동 선배들이 공부하던 곳이었다. 유학 생활 중 그는 평소 원했던

---

* 이신/이은선 · 이경 엮음, 『슈리얼리즘과 영의 신학』 (동연, 2011). 이하 내용은 이 책에 실린 박사학위 논문의 주요 내용을 약술, 정리한 것이다.

그림을 그렸고, 10여 차례 전시회도 열었다. 그의 창조적 상상력이 맘껏 발현되던 시기였다. 전시회를 통해 얻은 수익으로 본인 학업과 고국에 남겨진 5명 가족들 생계비를 책임질 수 있었다. 하지만 유학 첫해에 큰딸의 사망 소식도 접해야만 했다. 이런 우여곡절을 겪으며 40세를 훌쩍 넘긴 유학생은 자신의 물음을 풀어냈다. 다석 유영모의 말을 빌리자면 '제소리'를 낼 수 있게 된 것이다.

그의 박사 논문은 당시 불트만 좌파의 성서학자 에른스트 케제만(E. Kaesemann)의 명제, "기독교의 근원은 묵시문학이다"에 기초했다. 지금은 묵시문학 기원설이 이 저런 시각에서 논쟁이 되고 있으나 1960~70년대에는 절대적이었다. 역사적 예수 연구의 토대가 된 지혜문학서, Q문서 등 여러 기원설이 상호 논쟁적으로 소개되고 있다. 이들로부터 많은 배움이 있었지만 필자는 여전히 묵시문학과 기독교의 상관성을 지지하는 편이다. 케제만의 스승 불트만(R. Bulltmann)이 "원시 기독교는 종교 혼합적 현상이었다"고 말하며 구약성서, 유대교, 영지주의, 묵시문학, 스토아철학의 영향 사를 말했다면, 이신은 유독 묵시문학을 기독교의 근원이라 일컫던 케제만의 시각을 좇아 묵시문학을 탐구했고 특별히 그것을 현상학적으로 이해하여 그 오늘의 의미에 주목한 것이다. 그는 신구약성서 중간기에 생긴 묵시문학 자료들을 정경, 외경 관계없이 두루 섭렵했다. 하지만 그는 과거(성서)로 돌아가지 않았고, 이를 현상학적으로 이해하여 그 오늘의 의미를 밝히고자 했다. 방점이 과거에 있지 않고 오늘에 있었던 까닭이다. 그렇기에 이신의 묵시문학 연구는 성서 신학적 탐색이지만 필연으로 조직신학적 사유와 연루되었다. 귀국 후 그가 관계했던 신학자들 대다수가 조직신학자였던 것도 이를 반증한다. 묵시문학 자료 탐색을 통해 기독교의 원형을 찾았고, 이를 현상학을 통해 재현될 수 있는 사건으로 재구성했던 까닭이다. 이처럼 신약성서를 넘어 중간기 시기 및 외경에 이르는 묵시 자료를 섭렵한 탓에 이신은 초기 기독교 성서로의 환원을 고집했던 앞선 환원신학자들과 달랐고, 묵시 의식의 현재성에 관심했기에 성령 역사를 과거에 한정시키는 선교사들과도 결별할 수 있었다. 묵시문학에 대한 현상학적 이해는 이신에게 있어 성서문자주의를 넘어 성령 중심의 신학의 토대이자 전거가 되었던 셈이다. 이로써 동양 사상과의 만남에 있어 걸림돌이 사라졌다. 기독론의 집중을 말한 서구 신학자 J. 몰트만과 달리 기독교 신학의 성령론적 확대를 시도한 결과였다.

이신이 밝힌 묵시적 의식(환상)은 다음 세 가지 본질적 계기를 함축했다. '초^超의식'과 '부정을 통한 초극', 묵시문학적 환상의 지향점인 '인자(메시아) 사상'이 그것이다. 그는 이 셋을 기독교 성립 근거라고 여겼다. 무엇보다 초의식은 하느님 본질을 드러내는 지적 양식으로서 그를 능동적으로 구성할 수 있는 힘을 뜻한다. 이것은 일상사에 대한 무관심, 무반응적 의식(反의식)과 대별되는 것으로 세상을 향한 광기 어린 예언자적 외침과 다르지 않다. 이신은 이런 초의식의 시각에서 신이 인간되었다는 기독교의 성육신 사상을 해석했다. 지금 이곳에서 하느님 영의 현존을 인식하는 것을 육화의 본질로 본 것이다. 성육신을 실체(교리)적 개념이 아닌 현상학적 의식의 차원에서 살핀 결과였다. 이런 성육신 개념은 현실(세상) 속에서 초월적 절대를 발견코자 한 동양 정신과의 조우를 쉽게 한다. 이를 통칭하여 이신은 '전위(Avangard) 묵시 의식'이라 했다. 예컨대 누차 역설했듯이 최제우의 종교 체험이 예수의 그것과 다를 수 없다고 본 것이다. 부정을 통한 초극은 현실 역사(차안적 세상)를 부정함과 동시에 부정된 역사의 대긍정을 적시한다. 이신은 이를 일컬어 '영적 양극성'이라 언표했다.

주지하듯 묵시문학은 바벨론 포로기 이후 거듭된 타 민족의 지배 체제에서 생기한 박해 콤플렉스로서 일차적으로 현실 부정적인 역사관일 수밖에 없다. 하지만 종말 신앙을 통해 동시에 전혀 다른 시대를 희망했다. 역사 의미를 역사 영역 밖에 둠으로써 영적 양극성을 유지했던 것이다. 이는 묵시문학을 종말론(존재론)적 이원론, 초월주의, 영혼 불멸성 등으로 여긴 종래 해석과 변별된다. 이신은 이런 묵시적 자의식을 현실 속에서 반복되는 현상으로 이해했다. 예컨대 모방을 거부(현실 부정)하고 오직 창조성(저항 정신)을 강조하는 초현실주의(슐리얼리즘) 사조가 묵시적 환상의 본질과 맞닿을 수 있다고 여긴 것이다. 마지막 인자(메시아) 사상에서 이런 뜻이 확연해지는바, 인간 사회가 지닌 일체 모순에서 해방된 새 공동체의 출현을 목적했기 때문이다. 즉, 묵시적 메시아적 표상은 천지인天地人 일체의 변용, '메타모르포시스Metamorophosis'의 상태로서 짓밟힌 공의를 재현시키는 상징으로 작용한다. 여기서 상징은 재현 가능성이란 말과 같은 뜻을 지녔다. 이렇듯 묵시문학가들은 현실 역사 속에서의 신적 개입을 선포했던 예언자 집단과 달리 역사를 역사의 끝, 종말과의 관계에서 고찰했다. 여기서 이들이 내건 인자人子(메시아) 사상은 자기 현실을 예리하게 관찰하는 감수성을 지닌 창조적 소수자를 일컫는다. 스스로를 국외(소외)자로 느낄 만큼 현실 속 자기의식이 역사의식과 초월(신비) 의식으로 분열되었지만, 그럴수록 초월 의식을 자기화시킨 존재가 바로 인자이자 메시아란 것이다. 이렇듯 이신은 초의식과 환상을 지닌 인자만이 악한 현실을 부정하며 새로운 미래를 열어젖힐 수 있다고 믿었다.

이런 묵시적 의식의 차원에서 이신은 슐리얼리즘의 신학, 일명 카리스마 해석학을 전개했다. 이런 그의 신학은 "하느님은 영靈이시다"는 전제 위에서 정초되었다. 요아킴 휘오레의 정신에 따라 성령론을 기독론, 신론 그리고 교회론 보다 중심에 둔 것이다. 물론 성서문자보다도 영을 우선했다. 불고 싶은 대로 부는 하느님 영의 창조성, 자율성을 선호했고, 인간이 쌓은 벽을 허무는 영의 파격성, 모든 것을 하나로 이끄는 영의 일치성, 고통 받는 피조물을 대신하여 고통하며 위로하는 영의 포용(민중)성을 성서로부터 차용했던 것이다.

그의 신학이 종종 카리스마 해석학으로 불리는 것은 매순간 예수를 그리스도로 믿고 따르는 일을 그와의 동시성(Contemporary)을 사는 것이라 여긴 까닭이다. 일상 언어로는 말문을 막는 초의식이 드러나는 순간이겠다. 그래서 이신의 기독론은 예수를 믿는 데 그치지 않고 그의 마음을 헤아리는 데까지 이르렀다.

> "… 그러니 그분은 나를 믿어달라고 요청하시는 것보다 내 속을 좀 알아달라고 하십니다. 믿는다고 말할 때는 그에게 기대는 종의 버릇으로 대하기 쉽기 때문입니다. 이제는 나를 모방하지 말고 네가 서 있는 그 자리에서 나름으로 삶답게 살라고 하십니다. 남의 흉내를 내지 말고 창의력을 갖고 자기 생을 창조하라 하십니다…."*

이신에게서 영은 인간이 개념화할 수 없는 하느님의 존재 방식으로서 언제든 초의식(환상)을 발아시키는 동인을 뜻했다. 예수와의 동시성을 얻는 것이 바로 초의식의 실상이었다. 예수처럼 자신의 생애를 역사의 전환을 위해 바치는 종말론적 창조적 사건(Event)을 만드는 일이겠다. 몇 번씩 시도했으나 미완으로 남은 그의 신학적 작업 속에는 이런 의식을 품고 하느님과의 영적 교류에 몰두했던 이신의 고뇌 흔적들이 가득 차 있다. 영적 양극성 상태에서 정작

---

* 이신, 『돌의 소리』 — 이신 시집 (동연, 2012), 65-73.

이신에게 부닥친 현실은 가난과 몰이해였기 때문이다. 그는 산동네 빈민촌에서 문맹자들을 가르쳤고, 손수 돌과 흙으로 시골교회를 건축했으며, 정박아들에게 그림 그리는 법을 가르쳤다. 이는 가난한 자를 위해 살기 이전에 스스로 가난했기에 가능한 일이었다. 이를 하느님 영과 접한 사람의 운명이라 여긴 탓이다. 하지만 그는 물적 토대의 상실보다 인간 상상력의 부재를 더 근심했다. 상상력의 부패 내지 부재는 정작 하느님 형상의 상실과 같았기 때문이다. 죄란 그에게 의식의 둔화와 결코 다른 말일 수 없었다. 성서가 말하듯 "보아도 보지 못하고 들어도 듣지 못하는" 상태(마 13:13), 그것이 바로 의식의 죽음이자 죄였던 것이다. 그럴수록 이신은 영이신 하느님의 깨침, 곧 초의식의 발아를 강조했다. 이를 위해 마음의 청결이 반드시 필요했다. 청결, 곧 깨끗함이란 인간 자의식의 난파이자 지극히 작은 자에 대한 관심을 적시한다. 지극히 작은 자 속에서 위대한 하느님 모습을 보는 것만큼 우리 의식을 난파시키는 것이 없기 때문이다. 예수 당시 유대인들 의식(율법) 속에서는 절대 가당치 않은 일이었다. 대속 사상을 강조한 로고스 기독론도 이를 설명할 수 없다. 오히려 이것은 의식 난파, 언행일치를 강조한 동양적 사유와 더 근접하다. 바로 여기서 우리는 종교 신학과 민중신학, 토착화신학과 기독교사회주의 간 통섭 가능성을 살필 수 있다. 물질적 궁핍만이 아니라 인간의 청결, 곧 초의식을 신학의 토대로 삼았기 때문이다. 이신은 이들 양자를 영의 신학의 다른 말인 슐리얼리즘(예술) 신학으로 승화시키고자 했다. 슐리얼리즘 사조에 바탕했던 그의 그림들 속에 이런 생각이 여실히 담겨있다.

　여기에서 신학자 이신의 그림 몇 점을 소개한다. 주지하듯 이신은 기독교 환원운동의 본원 처로서의 전위묵시의식을 초현실주의 미술 사조와 연관하여 설명했고, 그림에 신학적 의미를 담았기 때문이다. 이 역시 기독교 고유한 묵시 의식을 현상학적으로 재현시키려는 의지의 표현에서 비롯했다. 거듭 말하지만 환원신학자 이신은 문자로 확정된 성서가 아니라 기독교의 정체성을 확정한 묵시 의식의 재현, 곧 성령 활동에 관심했던 것이다. 그렇기에 이신의 강의를 들었던 70년대 초중반(유학 이후) 시절의 학생들은 환원이란 말보다 자유, 창조 등의 개념을 더 많이 기억하고 있었다. 그렇다면 전위묵시 의식의 재현으로 여겼던 초현실주의는 어떤 것이었을까?

　이신은 전위 묵시문학의 전개를 위해 초현실주의 미술을 차용했다.* 묵시문학이 "병든 시간(역사) 안에서 병든 영원을 치유하려는 부단한 투쟁의 역설", 곧 영적 양극성을 드러냈듯이 슐리얼리즘 (Surrealism) 예술(미술) 역시 그렇다고 여겼다. 여기서 병든 시간은 자본주의, 물신(맘몬) 주의가 판을 치는 세상이겠다. 하여 묵시문학 자들이 당대 자신들 상황에서 그랬듯이 슐리얼리즘 사조 또한 환상

* 현장아카데미 편,『환상과 저항의 신학 ― 이신의 슐리얼리즘 연구』(동연, 2017).

(꿈), 상상력, 상징을 사용하여 현실에 절망했고 그를 풍자했으며, 그 이후를 상상했던 것이다. 창조성의 말살, 노예화된 인간 상태를 이신은 다음처럼 한탄했다.

"…사람들을 자본주의 노예로 삼고 목매서 끌고 가고 있습니다. … 자본 축적을 해야 한다는 생각 때문에 사람답게 사는 인간성의 요구를 잊고 '맘몬'의 종이 되어가고 있습니다. … 현대문명이라는 이기도 인간의 정신력을 좀먹는 흉기로서 인간을 노예화하는 도구가 되어버렸습니다."*

다음 쪽의 〈돌의 소리〉라 이름 붙여진 아래 첫 그림은 몸 밖에 있는 눈으로 자본주의 문명을 직시하며 큰 입을 갖고 이를 비판하는 내용을 담았다.

여기서 노예성은 인간의 타락이자 죄를 적시한다. 가난 이상으로 체제, 이념에 종속된 인간현실에 대한 우려였다. 상상력의 빈곤, 무지 나아가 그의 타락을 인간성에 대한 배반이라 여긴 것이다. 다석 유영모의 말을 빌리자면 인간이란 본래 목숨을 넘어 '말(얼)숨'을 쉬는 존재인 까닭이다. 이 점에서 이신은 스스로 민중 지향적 삶을 살았지만 기독교사회주의나 민중신학과는 결을 달리했다. 주

---

* 이신, 『돌의 소리』(동연, 2012), 114-120.

[그림 1] 돌의 소리

지하듯 예술철학자로 각광을 받는 유대인 사상가 발터 벤야민 역시 슐리얼리즘 사조를 수용한 자본주의 비판자였다. 유대 메시아 사상을 도입하여 자본주의 비판을 목적하는 역사(정치) 철학자의 길을 갔던 대 사상가로 알려져 있다.* 하지만 그 역시 보이는 현실보다 감춰진 역사의 목표에 주목했던 예외자였다. 메시아는 역사 속, 세상 속에 살지만, 그 밖을 보는 이들에게 선물이 될 수 있음을 역설한 것이다. 이 점에서 벤야민과 이신을 비교 분석하는 몇 편의 논문이

---

* 발터 벤야민『선집 5: 역사의 개념에 대하여, 폭력비판을 위하여, 초현실주의 외』
  (도서출판 길, 2012).

출판되기도 했다.* 메시아 사상을 이신의 영의 신학으로 성찰한 글들이다. 하지만 유대주의를 배경했던 후자와 달리 이신은 동아시아적―혹은 한국적― 사유로 슐리얼리즘을 치환 내지 재구성했고, 영의 활동 혹은 현상학적 차원에서 동학 최제우의 종교 체험 역시 묵시 의식과 본질서 같다고 했다. 이런 흐름은 앞서 살핀 토착화신학 사조와 맥락을 같이 한다. 하지만 우익 민족주의와 짝했던 이전의 토착화론과 단절되는 측면도 크다. 민족 문화에 대해 훨씬 주체적일 뿐 아니라 현실에 대한 저항(정치의식) 또한 강화되었기 때문이다.

이렇듯 전위 묵시문학과 슐리얼리즘의 연계성에서 드러나듯 이신에게는 전위성(상상력)과 더불어 민중성(저항성) 그리고 토착성(보편성)이 상호 얽혀 있다. 기독교의 본질은 전위성에 있고, 그의 담지자는 부르주아가 아닌 창조적 소수자, 곧 민중들이며, 그들에 의한 토착적 전개를 강조, 중시했던 까닭이다. 서구 종속된 기독교와의 단절, 일명 기독교의 재주체화라 말할 수 있겠다. 여기서 창조적 소수자는 즉자적 민중은 아니겠지만 민중 지향성을 지닌 존재라 할 것이다. 민중만큼 가난했고, 그들과 함께 살았지만, 이신은 사회주의가 말하듯 가난(민중)을 절대시하지 않았다. 민중 지향적 삶 속에서 계급적 사유보다 전위 의식을 봤던 것이다. 그가 끝까지

---

* 신학자 정혁현과 최대광의 글이 바로 그것들이다. 이들 논문은 각기 아래 책에 수록되어 있다. 현장아카데미 편, 『환상과 저항의 신학』 (동연, 2017), 229-266; 한국信연구소 엮음, 『李信의 묵시의식과 토착화의 새 차원』 (동연, 2021), 207-235.

평신도들과 함께 교회 개혁을 힘쓴 것도 이런 연유에서였다. "한국 그리스도교회의 선언"(1974) 속에 이런 모습이 총체적으로 담겼다. 전위성, 민중성, 토착성을 수용했기 때문이다. 신학자 이신에게 한국 그리스도의 교회는 성령(슐리얼리즘) 신학의 꽃이었다. 하지만 그리스도의 교회는 결코 일상과 무관치 않았다. 전위묵시의식의 세 차원을 고독, 저항, 상상이란 말로 개칭할 수 있는 이유이다. 항시 이 셋의 상호작용 속에서 전위묵시의식은 발현된다. 고독이 상상을 일으키고 그것이 저항의 동력이 되는 까닭이다. 이런 총체적인 의식의 흐름, 곧 창조성을 신앙이자 신학이라 불러도 좋겠다.

[그림 2] 엄마와 아이들

그렇기에 이신은 자신의 그림 속에서 전위묵시의식을 맘껏 표현했다. 이하 지면에서 이신의 그림 몇을 소개, 분석하면서 상술한 내용을 복기해 보겠다. 두 번째 소개하는 아래 그림 외에는 모두 유학 이후의 작품들이다.

위 [그림 2]는 유학 이전(1959)의 작품으로 민중 지향적 성격을 잘 드러낸다. 시기적으로 민중신학의 등장 이전의 작품이다. 어머니로 표현된 하느님의 허리가 꺾여 있다. 수많은 민중이 먹을 것, 입을 것을 구했기 때문이다. 가슴에 달린 젖가슴도 말라비틀어졌다. 그것마저 빨려고 기를 쓰는 민중들을 위해 어머니(하느님)는 손을 땅에 대고 자신을 버텨내고 있다. 이신은 이 그림에 제목을 달지 않았으나 필자는 여기서 허리 꺾인 하느님을 봤다. 이 하느님은 노동하는 이땅의 사람들일 수도 있겠다. 〈엄마와 아이들〉이란 제목은 후일 가족들이 입으로 붙인 것이다. 여기서 핵심은 이런 고통 속에서도 떠오른 달이 상징하듯 희망이 실종되지 않았다는 사실이다. 이것이 바로 묵시적 현실이다. 절망 속에서 희망을 보는 영적 양극성이 이 그림 속에 담겼다.

[그림 3]은 〈예언자〉란 이름이 붙은 작품이다. 기이한 모습을 한 예언자가 광야를 걷고 있다. 예언자 그는 사회에서 몰이해 된 존재이다. 그런 그가 고독하게 앞의 태양을 보며 계속 앞으로 나간다. 세상을 구원할 창조적 이벤트 메이커가 바로 이 예언자인 바, 이신에게 있어서 이 존재는 묵시적 인자였고, 그가 바로 자신이었다. 한마디

[그림 3] 예언자

로 세상 구원을 위해 조롱받으면서도 갈 길을 가고자 했던 존재들
말이다. 이런 치열한 고독은 세상이 보지 못한 것을 본 사람만이
감당할 수 있다. 이 고독한 여정 속에 상상과 저항이 함께 공존한다.
여기서 필자는 묵시 의식의 전위성을 생각했다.

　[그림 4]는 〈흑과 백〉이란 제목을 지닌 그림이다. 그림 하단에

[그림 4] 존재의 변증법

〈존재의 변증법〉이란 이름도 붙어있다. 흑과 백은 일체 분열상을
상징하는 기표지만 다시 만나야 할 대상이기도 한 까닭이다. 피부색
으로, 이념으로, 종교로, 남녀로, 가진 것 유무로 나눠진 세상이 우리
사는 곳이지만 새 하늘과 새 땅을 보았기에 이신은 이들 모두가
함께 손잡는 모습을 상상했다. 백의 손에 물고기가 들렸고 흑의
손에 달이 담겨져 있다. 각기 물질과 정신을 뜻하는 상징이겠다.
이들이 손잡고 먹거리를 나누고, 희망을 나누는 세상을 소망한 것이
다. 인자가 말한 하느님 나라의 묵시적 원형이라 말할 수 있다. 더

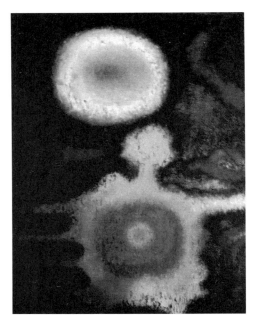

[그림 5] 무제

강조할 것은 흙, 곧 눌린 자. 약자들 손에 먹을 것보다 희망(상상)이
담겼다는 사실이다. 상대편 손에 들린 것은 나눠지면 좋을, 의당
그리 해야 될 물질인 것을 유념할 일이다. [그림 3]이 부정성을 말한
다면 이것은 그의 초극 및 변형의 길을 보여주었다. 신학적으로
부활을 표상한 것으로 봐도 좋을 것 같다. [그림 2]가 말하듯 묵시
의식의 민중성과 중첩되는 작품일 수도 있다.

다음의 마지막 [그림 5]는 제목이 없다. 앞선 그림들과 달리 마지
막까지 제목을 달지 않았다. 인간과 하늘의 감응, 공명을 보여주는

의미 깊은 작품이다. 인간 마음속에 하늘과 소통할 수 있는 힘이 있음을 보여준다. 자신을 뛰어넘어 하늘과 연합하는 길이 인간에게 있음을 역설했다. 초월과 현실의 불이적 관계 역시 잘 드러내 주었다. 보아도 보지 못하고, 들어도 듣지 못하는 인간 의식의 둔화를 단박에 부수는 힘 있는 그림이다. 이런 현실은 동서양 곳곳에서 지금도 재현되는 보편현상일 듯 싶다. 여기서 필자는 묵시 의식의 토착성을 감지한다.

이렇듯 이신의 박사 논문 주제였던 전위묵시의식은 당대 새로운 초현실주의 미술 사조와 연계되었다. 초현실주의적인 그림 속에 다차원적인 묵시 의식이 드러났던 것이다. 이 과정에서 필자는 전위(근원)성, 민중성 그리고 토착성, 이 세 개념을 도출했다. 주지하듯 이신이 귀일코자 했던 환원 처는 성서 그 자체가 아니라 원시 기독교의 토대가 된 묵시 의식, 곧 전위적 환상이었다. 그것은 가치 전복적인 저항성을 담지했던 것으로 영적 양극성으로 표현되기도 했다. 하지만 이신은 묵시 의식을 유대-기독교적 사유 지평에 한정시키지 않았고, 각기 다른 시공간에서 현상학적 재현 가능한 것으로 이해했다. 이는 기독교적 근원성을 성령론적으로 보편화시켰기에 가능한 일이었다. 필자가 전위성, 민중성과 함께 토착성을 묵시 의식의 세 차원으로 꼽는 이유도 여기에 있다. 슐리얼리즘 사유를 매개했으나 유대적 사유 지평에 머문 발터 벤야민과 다른 점이다. 유대 정치사상가로 위치한 그와 달리 이신은 전위성, 민중성, 토착성을 지닌 한국적 그리스도의 교회를 세우고자 했던 것이다.

유학 이전부터 성령을 강조하며 성서주의자들과 맞섰던 이신은 박사 논문을 통해 성령 활동을 현상학적으로 풀어냈다. 영이신 하느님을 인간 의식과 나눠 생각할 수 없었던 것이다. 이 점에서 그는 본회퍼의 '동시성' 개념을 대단히 중시했다. 존재와 행위의 일치가 여기서 비롯한 것이라 여겼다. 근원적인 묵시 의식이 슐리얼리즘 사조 속에 담겼다고 봤듯이 이신은 묵시 의식 또한 현실 역사 속에서 재현될 것을 의심치 않았다. 하지만 이신의 경우 동시성은 기독교 서구 토양만을 위한 것이 아니었다. 동서양의 차이를 넘어 묵시 의식의 재현 가능성을 역설했다. 이를 기독론의 성령론적 확대란 말로서 혹은 기독교의 근원인 묵시 의식이 인간의 보편적 모체가 될 수 있다는 뜻으로도 이해될 수 있다. 이신은 이들 간의 관계를 명시적으로 다음처럼 밝혔다. '역사적 일관성이 없는 유사성'(*kinship without historical coherence*), '우연의 일치에 의한 혈족관계'(*co-incidential consanguinity*) 혹은 '관계성 없는 관계성'(*relationship without relationship*) 등이 그것이다.* 여기서 우연성, 일관성이 없다는 말의 반복에 주목할 필요가 있다. 전혀 연관 짓지 못할 역사적

---

* 필자는 이신의 박사학위 논문 속에서 찾은 이 개념을 가장 소중한 신학적 자산이자 발견이라고 생각한다.

사건들이 상호 관계를 맺는다는 돌발적 발상인 까닭이다. 사건의 발원지가 동서양적 공간 차가 있음에도 불구하고 상관 않겠다는 뜻도 담겼다. 따라서 이신은 묵시 의식과 슐리얼리즘의 관계는 물론 예수의 하느님 나라 의식과 수운 최제우의 종교 체험의 관계 역시 위 개념으로 설명했다. 이들 모두가 전위(아방가르드) 의식의 소유자였다는 것이다. 이렇듯 역사적 맥락은 물론 시공간적 차이에도 불구하고 친족 관계가 성립하는 것은 그들 의식 속에 창조적 번뇌와 상상력이 깃들었던 까닭이다. 품은 상상으로 인해 사회로부터 소외되었고 극한의 고통을 지녔으나 그럴수록 환상에 의거한 현실 투쟁 열정을 갖고 살았던 것이다. 이런 의식의 동시성을 일컬어 이신은 '성령의 활동'이라 일컬었다. 이런 의식을 갖고 당대 자기 현실을 사는 것이 '환원'의 골자였다. 성서로 회귀하지 않고 현실에서 근원을 찾았기에 그의 환원신학은 전위성을 지녔고, 그것이 한국에서도 재현될 수 있다고 봤기에 토착성과 유리될 수 없다. 이들 두 개념이 민중성과 상즉상입한 까닭에 필자는 제목처럼 그렇게 세 사조(광맥) 간의 통섭을 생각할 수 있었다. 게다가 이런 통섭을 한국 그리스도의 교회를 통해서 실현코자 했으니 슐리얼리즘 신학, 일명 영의 신학은 아직 미정고로 남아 있는 셈이다.

여기서 그가 말한 '역사적 일관성 없는 유사성', '우연의 일치에 의한 혈족 관계'란 개념을 좀 더 명확하게 할 필요가 있다. 필자는 이를 기존의 '존재유비'(가톨릭)와 '신앙유비'(개신교)와 견줘 '역사유비'란 새 용어로 마지막 장에서 정리했다. 앞의 두 개념이 각기 아퀴나스의 토미즘, 루터의 독일 신비주의 전통에 의존했다면 마지막 '역사유비'는 벤야민의 사상에 빚진 것이다. 주지하듯 전자는 신과 자연의 관계를 적시했고 후자는 신과 개인의 관계에 방점을 찍었다. 앞의 것이 자연의 신적 속성을 강조한 반면 나중 것은 신/인간의 단절에 무게를 실었다 하겠다. 종교 간 대화 유형 중 포괄주의와 배타주의는 각기 이들 유비사상에서 비롯한 것이다. 하지만 유비는 은유(메타포)와 달리 양자 간 차이보다는 닮음, 연속성을 선호한다. 전자가 자연 속에 내재한 초자연의 실재를 말했다면, 후자는 신앙 안에서 달리 형성된 신인의 관계를 각인시킨 것이다. 최근 가톨릭 신학자 중에 유비 대신 '역설' 개념을 선호하며 개신교의 경우 '변증'이란 말에 초점을 두는 경향도 생겼다. 신과 자연이 다르나 공통적인 까닭에 '역설'이며 모순을 극복, 부정하는 차원에서 '변증'이라 이름할 수도 있을 것이다. 하지만 어느 경우든 이들 두 유비를 갖고서 현실 세상을 온전히 이해, 설명할 수 없는 것도 사실이다. 뭇 현실에서 보듯 다자의 현실은 일자와 공존할 수 없고—즉, 차이가 보편에 환원될 수 없으며— 반면 현실이 온통 부정과 모순(원죄)으로 점철되었다 말할 수도 없는 까닭이다. 세상의 궁극성과 관계성을 역설하는 종교들도 있기 때문이다. 기독교를 설명하는 이들 두 유비로는 정도 차는 있겠지만 탈현대적이며 다차원적인 현실 세계를 충족히 이해,

설명키 어렵다. 이 점에서 필자는 '역사유비'라는 새 용어를 앞선 이신의 개념과 연장선상에서 살펴도 좋겠다고 생각했다.

이신이 유대적 묵시 의식에 관심한 것처럼 벤야민은 실패한 과거를 구원하는 유대적 메시아 사건을 소환했다. 실패한 과거와 메시아 사건(미래)의 상관성을 묻고자 한 것이다. 여기서 비롯한 역사유비는 초자연과 자연(개인)의 관계성을 강조한 앞선 두 유비와 달리 실패한 과거의 구원에 초점을 두었다. 벤야민은 이신이 말했던 유사성 내지 친족 관계성 차원에서 실패한 과거 역사의 구원을 말한 것이다. 목하 경험하듯 진보(자본주의 이념)가 역사를 파국으로 이끈 정황에서—"실패한 과거를 구하지 않고서는 역사는 한 치도 앞을 향할 수 없다"— 유대 전통을 복원시켜 희생양들을 구하고자 했던 것이다. 여기서 역사유비의 핵심은 기억 또는 회억이다. 무엇보다 애도적 기억을 강조했다. 종결된 듯 여겨진 희생자, 패배자들의 고통—이신의 말로 표현하면 실패한 전위 의식—을 현재로 부르는 까닭이다. 이 기억이 메시아적 구원을 이룰 주체로서 우리를 소환할 수 있다. 이를 일컬어 이신은 성령의 동시성으로 여겼고, 이런 성령의 담지자를 카리스마적 주체라 불렀다. 그야말로 현재의 변혁을 통해 과거를 구원할 존재인 것이다. 마지막 논문에서 상세히 논할 것이지만 이렇듯 이신의 사유는 벤야민 사유와의 연속성하에서 역사유비란 개념을 빌어 이전 신학 틀—존재유비, 신앙유비—의 지평을 넘어 과거와 현재, 공간적인 동서 모두를 구원의 장으로 통전시킬 가능성을 선보였다. 유대 기독교적 사유 지평의 아시아적 확대라 말할 수 있다.

하지만 이신은 교회 현장을 도외시하지 않았다. 이신 신학의 강점은 초현실주의 사조, 곧 영의 신학을 교회 안에서 실현시키고자 애쓴 데 있다. 전위성(근원성), 토착성 그리고 민중성의 교회적 성취를 목적했던 것이다. 이런 의도가 귀국 후 시간이 얼마 지니지 않은 1974년에 이신의 평신도들과 목회자들과 더불어 발표했던 "한국그리스도의 교회 선언" 속에 잘 함축되어 있다. 이 선언문은 『슐리얼리즘과 영의 신학』* 부록에 실려 있다(전문은 아래 각주에 소개한다).

---

* 이신, 『슐리얼리즘과 영의 신학』(동연, 2011), 358-364. 그리고 선언문은 이 책 363-364에 수록되어 있다. 선언문 내용은 다음과 같다.
  — 우리는 '한국 그리스도의 교회'가 한국인에게 들려주신 예수 그리스도의 복음에 대한 한국인의 자각 있는 신앙과 이해에 의해서 세워져야 할 것을 믿는다.
  — 우리는 '한국 그리스도의 교회'가 하나님의 영감에 의해서 기록된 신구약 성서의 말씀에 기준해서 신앙하며 또 그 말씀에 기준해서 교회가 세워져야 할 것을 믿는다.
  — 우리는 '한국 그리스도의 교회'가 성서에 계시된 신앙의 내용의 충실을 기할 뿐 아니라 그 내용을 담은 그릇인 양식과 표현도 성서적이어야 한다고 믿는다.
  — 우리는 한국인의 자각으로 이해하는 기독교 신앙과 교회의 형태에 대해서 어떤 외국인의 독자적 신앙이나 교회 형태가 한국인의 신앙적 결단을 무시하고 간섭할 수 없음을 믿는다. 그러나 외국인의 독자적 신앙과 교회에 대해서 성서에 위배되지 않는 한 이를 존중하며 또 우호적이여야 한다고 믿는다.
  — 우리는 한국인의 자각으로 이해한 성서적 교회가 그 권위와 질서를 유지하기 위하여 전체 교회의 유기적 통일성을 기하는 성서적 조직체가 있어야 할 것을 믿는다.
  — 우리는 한국인의 신앙적인 자각에서 세워진 '한국 그리스도의 교회'가 '그리스도의 몸'으로서 유기적인 조직을 갖고 이의 원활한 운영을 도모하기 위하여 각 교회의 구체적 헌신과 협력이 요청되는데 이는 각 교회의 전체 헌금 중 십일조를 교회의

여기서 '한국'이란 말과 '그리스도의 교회'란 말에 주목해야 한다. 이신은 복음을 식물의 종자로 민족 역사와 전통은 토질, 풍토라 여겼다. 민족성 차에 따라 복음의 표현 양태가 다를 수 있다는 것이다. 지금껏 우리는 '한국적'인 신앙 양태 및 교회 상을 드러내지 못했다. 서구의 성서해석과 신앙 양식을 경쟁적으로 이식시킨 결과였다. 신앙마저 서구의 종노릇 하게 되었기 때문이다. 그럴수록 이신은 이 선언서에서 한국적 자각을 역설했다. 외국 것의 모방, 묵수를 이제 끝내라 선포한 것이다. 동시에 앞서 누차 말했듯이 자신이 몸담았던 환원운동의 한계도 적시했다. 의도는 좋았으나 그들 역시 신앙과 교회의 원형을 옳게 깨쳤는지 살필 것을 주문한 것이다. 환원운동의 근간인 교단 부정, 개체교회 독립성 강조는 선한 뜻에도 불구하고 교회의 유기체성을 부정하는 결과를 낳았고, 성서에 기록된 초대교회 의례(세례, 성만찬)에 집착한 탓에 신앙의 내면성을 상실했다고 비판했다. 그럴수록 이신은 성서로의 환원이 아니라 내적인 영의 활동을 강조해야만 했다. 결국 그가 말한 "한국 그리스도의 교회 선언"은 영적인 성서해석에 근거하여 혹은 한국인의 신앙 경험에 바탕 하여 한국 교회로 하여금 창조적 길을 모색토록 한 것이다. 서구의 신앙과 신학, 교회 형태가 한국인의 신앙적 결단을 무시하

연합체에 드림으로 이에 충당할 것을 결심한다.
─ 우리는 '한국 그리스도의 교회'의 건실한 발전을 위해서 같이 기도하며 우리의 총력을 기울여 이를 받들며 사랑으로 굳게 단결할 것을 다짐한다.

고 간섭할 수 없음도 천명했다.

여기서 다시 살필 키워드 몇 개를 선택해 보겠다. 창조성, 유기체성 그리고 평신도성이 바로 그것이다. '한국적 그리스도의 교회' 선언 속에 담지된 주요 개념들이다. 무엇보다 이신은 한국교회에게 창조성을 요구했다. 획일성을 벗고 다양성을 확보하라는 것이다. 이것은 묵시 의식의 근원성(전위성)과 짝할 수 있다. 성서문자와 서구 형태를 과감히 벗을 것을 강변했기 때문이다. 유기체성은 자본주의 체제 그 이상인 공동체성에 대한 강조였다. 이 시대의 제국인 '자본' 체제하에서 경쟁이 아니라 공감을 우선하는 '한 몸' 사상을 역설한 것이다. 평등과 조화를 추구하는 기독교사회주의를 달리 표현한 것일 수도 있다. 이것은 평신도성과도 자연스레 연결된다. 다수 평신도가 살아야 교회가 힘을 얻는 까닭이다. 이 점에서 본 선언을 목회자들 뿐 아니라 비록 소수지만 평신도들과 함께한 것이 의미 깊다. 그에게 평신도는 곧 민중이었다. 민중을 개념이나 계급적 실체로서가 아니라 현존하는 교회 내 평신도들 속에서 만났던 것이다. 이신과 함께한 평신도들이 대부분 농촌의 가난한 이들, 장애인들이었음을 기억해야 옳다. 그들에게 예수를 알게 하고, 글과 그림을 가르쳐 창조적 삶을 살도록 했던 것이 그의 목회였다. 가난보다 상상력의 빈곤과 타락을 더 큰 문제로 여긴 까닭이다. 이 모든 과정이 이신에게는 토착성의 표현이기도 했다. 창조성이 민족의 문제였다면 민중성은 계급적 현실이었던 바, 이 모두를 충족시키는 것을 토착성이라 일컬은 것이다. 이신의 영의 신학은 현실과 유리된 기존 토착화 사조나 개개인의 인격성 혹은 종교적 상상력을 결핍한 기독교사회주의나 경직된 민중신학과 이렇듯 같으면서도 달랐다.

필자가 애시당초 이 글을 쓰게 된 것은 소위 정설처럼 여겨진 한국 신학의 세 광맥 속에 기독교 초기 역사에서 생기한 두 사조가 간과되었다는 문제의식 때문이었다. 보수주의, 진보주의, 자유주의가 통상 말해졌으나 이들은 후대의 범주일 뿐 초기 기독교의 실상은 아니었다고 본 것이다. 하여 필자는 기독교사회주의와 자생적 환원운동을 상술한 세 사유 틀에 앞선 신학 운동이라 여겼다. 그럴수록 기독교 유입 당시 시작된 토착화신학 사조와 더불어 이 셋의 중요성을 힘껏 역설하고 싶었다. 거듭 말하지만 이들 세 사조는 서구적 범주로 환원될 수 없는 독자성을 지녔던 까닭이다. 이후 이들이 자유, 진보, 보수의 틀로 확장, 전개되었고 그 과정에서 부분적으로 처음과 달리 왜곡된 것도 사실이다. 하지만 이를 처음부터 서구 신학적 잣대로 평가하는 것은 옳다고 볼 수 없다.

주지하듯 서세동점 시기, 더구나 일제의 침탈이 가속화된 시점에서 이 땅에 유입된 초기 기독교는 우리 토양에서 토착화, 기독교사회주의 그리고 자생적 환원운동으로 각기 달리 반응했다. 필자는 이들 세 사조의 발원지가 감리교였다는 사실에 주목하였다. 여타 교파와 달리 초기 감리교인들의 독특한 역사 인식 때문이겠고, 경험을 중시한 감리교의 자유로운 성서해석 탓이라 생각했다. 하지만 목하 감리교단은 그 설립을 위해 큰 공헌했던 NCCK 탈퇴를 주장하며 자신들 역사를 부정하고 있고, 일체 계급, 성별, 빈부, 반상, 종교 차를 극복했던 지난 역사를 지우려 하며 자신들 근원 성을 잊고 교파적 게토로서 안주하고 있는 바, 회억하며 글 쓰는 내 자신을 한없이 부끄럽게 한다. 그럴수록 우리 환원의 귀처, '처음'(근본)을 알리는 일을 사명 삼아 글을 쓰기 시작했다. 물론 감리교를 위한 것만은 결코 아닐 것이다. 초기 기독교의 풍성함을 오늘의 기독교 현실에 알릴 목적이 우선했다. 거듭 말했듯이 필자에겐 교파로서 감리교회는 더 이상 큰 의미를 갖지 않는다.

당시는 기존의 유불선 종교들의 역할이 쇄한 시점이었고, 신종교로서 동학의 개벽 사상이 전개되던 때였다. 기독교를 비롯한 이 땅의 종교들은 민족주의 내지 사회주의 사조와 결합 내지 배타하며 정체성을 확보했고, 저마다 경쟁적(?)으로 독립을 위해 투쟁했고 새 세상을 꿈꿨다. 불교, 유교 유신론도 있었지만 기독교와 동학의 역할이 가장 컸다. 이 두 종교는 민족주의, 사회주의와 결탁하며 자신들 시대적 역할을 감당했다. 이 과정에서 토착화 사조는 민족주의와 짝을 이뤘고, 기독교사회주의는 사회주의를 자신 속에 반영, 기독교적으로 녹여낸 것이다. 이 경우 민족주의에는 '우익'의 이름이 붙고, 사회주의에는 '좌익'의 명패가 달렸다. 광복 이후 대한민국 정부 수립 시 우익 민족주의가 건국 이념이 되었던 반면, 기독교사회주의를 비롯한 좌익 사상은 온통 배제되었다. 실제로 사회주의 계통에서 더 많은 독립운동가들이 배출되었음에도 말이다.* 초기 토착화 사조는 좌익을 배제한 우익 민족주의의 산물이었다. 이들 사조가 유불선 전통과 연속선상에서 기독교 복음을 이해코자 한 것은 탁견이었지만 동학을 배제(?)한 것은 과오라 할 것이다. 1920년대 전후로 기독교는 동학의 도움을 크게 받았으면서도 경쟁 관계에 있었고, 동학교도 중에서 사회주의와의 합류를 시도한 집단도 있었기에 거리를 두었다고 생각한다.** 물론 기독교사회주의 흐름도 필자는 예사롭지 않게 살폈다. 이들 사조가 토착화 사조의 흐름과 무관치 않다는 사실도 미비하나마 밝혔다. 최초 기독교인들이 사회(공산)주의자로 전환한 경우까지 포함해서 말이다. 이제는 이들을 정죄, 부정할 것이 아니라 그들 전환 및 변신의 이유를 깊이 성찰할 때가 되었다. 자본주의 폐해로 자본주의 체제 자체가 위협에 빠진 탓이다. 더욱이 공유 경제가 요청되는 시점에서 기독교사회주의는 오히려 이 시대의 'New Normal'이 될 수도 있다. 하지만 기독교 신앙이 공산주의 체제까지 옹호할 수 있는 것인지는 비판할 여지가 있다. 이들 중 더러가 신앙과 이념을 동일시 했으니 말이다.

　　필자는 마지막으로 '자생적 그리스도 환원운동'은 같은 비중으로

---

* 임경석, 『독립운동 열전 1, 2 ─ 잊힌 사건을 찾아서』 (푸른역사, 2022).
** 강경석 외, 『개벽의 사상사』 (창비, 2022).

다뤘다. 앞선 두 사조와 연결점으로 이들 다수가 감리교도였다는 것과 길림 지역에서의 새로운 이상촌 경험을 염두에 두었다. 일본 등지에서 마르크스 사상에 심취한 경력의 소유자들도 없지 않았다. 그럼에도 기독교사회주의가 물적 토대에 관심했다면 이들 환원운 동가들은 영적 각성에 초점을 두었다고 할 것이다. 독립운동에 대한 시각차도 여기서 비롯했다. 하여 전자가 김교신의 '조선적' 기독교와 견줄 수 있다면, 후자는 이용도의 '영적' 기독교와 상응할 수 있겠다는 논지도 펼쳤다. 경제적 종속 상태에 있을지라도 사상적, 신앙적으로 는 더욱 주체적이길 바랐던 몸부림으로 본 것이다. 그렇기에 서구서 유입된 교파적 기독교에 만족치 않고 그리스도에게로, 성서의 본래 성으로 환원을 역설했다. 이는 토착화 사조가 민족적 주체성을 강조 한 것과 본뜻에서 크게 다르지 않을 것 같다. 이들이 전라도 지역에서 김교신, 특별히 최태용 계열의 무교회주의 그룹과 만난 것은 이 점에서 아주 자연스럽다. 자생적 환원운동이 주로 충청, 전라도 지역 에 한정적으로 발현된 것이 못내 아쉬울 뿐이다. 성서로의 환원을 성서문자주의로 귀결시킨 것도 한계로 작용했다. 초기의 영적 기독 교의 본질을 잊은 결과였다.

이들 세 사조의 한계를 극복하고 내포된 긍정적 시각들을 통섭할 인물이 바로 슐리얼리스트 신학자 이신이었다. 주지하듯 그는 감리 교신학대학교에 입학, 1950년 2월 졸업하여 감리교 전도사로 공적 삶을 시작했다. 토착화 사조는 물론 종교사회주의 흐름도 이런저런 방식으로 접했을 것이다. 유학 후 그가 해천 윤성범과 더불어 종교사학회 활동을 한 것과 가난과 맞닥뜨렸던 실존적 현실이 이를 간접적으로 시사한다. 하지만 감리교단을 떠나 그리스도환원운동에 몸담은 이후 그는 성서, 곧 기독교 신앙의 그루터기에 관심을 두었다. 그것이 바로 초대교회의 모체로 알려진 신구약 중간기에 형성된 묵시문학이었다. 여타 환원주의자들과 다르게 성서문자(주의) 대신 묵시 의식에 집중했던 것이다. 주지하듯 그는 묵시 의식을 '영적 양극성', 곧 현실—오늘의 경우 자본주의— 부정의 방식으로 새로운 현실을 창조하려는 현상학적 차원에서 이해했다. 이런 인간 의식을 슐리얼리즘 사조의 도움으로 정교하게 서술했고, 영의 활동성으로 신학화시켰다. 이 과정에서 이신은 앞선 세 사조를 창조(비판)적으로 수용했다. 우익 민족주의 틀 속에 갇혀 이론화된 토착화 사조를 현실과 대면시켰고, 이념화된 사회주의를 상상력의 창조성을 통해 부드럽게 했으며, 자신의 존재 기반을 위태롭게 할 만큼 성서문자주의와 지속적으로 갈등했다. 그럴수록 이신은 수운 최제우의 종교 체험, 곧 개벽의 종교성을 전위묵시의식의 차원에서 이해했고, 공산주의 체제 속에 살았던 러시아 사상가 베르자이에프의 생각을 빌려 마르크스 이념을 비판했다.* 교파적 기독교, 서구 신학을 비롯한 일체 서구 이념으로부터 자유롭기를 원했던 까닭이다. 그가 수용했

---

* 니콜라우스 베리자예프/이신 옮김, 『노예냐 자유냐』 (늘봄, 2014).

던 슐리얼리즘 사조 또한 자유로운 영의 활동을 이해하는 틀로서 기능했다. 이렇듯 이신은 서구에 대한 사상적, 정신적 종속을 원치 않았다. 그럼에도 이신은 부패한 현실 교회를 붙들고 끝까지 진리 실험을 했던 목회자였다. 묵시 의식의 실현자인 예수 그리스도를 믿음의 그루터기로 삼고 단순 믿음을 넘어 그분의 마음을 헤아리며 살고자 애썼다. 확언컨대 그만큼 토착(한국)화된 교회, 유기체적 한 몸 이룬 교회를 꿈꾼 신학자도 없었을 것이다.

이 세 사조를 하나로 엮는 창조적 과정에서 아쉬운 점도 없지 않았다. 내재적 비판의 시각에서 두 가지 점을 적시하겠다. 주지하듯 이신은 묵시문학과 그들 묵시가들 의식의 연장선상에서 예수를 이해했고, 재현 가능성을 현상학적으로 밝혔다. 하지만 최근 그리스도 운동의 기원을 달리 보는 시각도 새롭게 등장했다. 역사적 예수 연구자들은 예수를 지혜서와 연루시켜 이해한다. 동시에 묵시문학에 대한 신학적 이해 및 판단 자체도 성서학자 에른스트 케제만에 의존했던 이신과 다른 점이 많다. 지금껏 생존했더라면 이 점에 대한 근본적 해명을 요청받았을 것이다. 그럼에도 필자는 묵시문학이 다른 어떤 사조보다 그리스도교 기원과 가장 근접하다는 이신의 확신을 여전히 지지한다. 묵시 의식을 현상학적으로 이해하여 오늘과 관계시키는 방식 말이다. 이신은 현상학적으로 혹은 영의 시각에서 과거와 오늘 혹은 동서의 의식을 "역사적 일관성 없는 유사성"이란 말로 상호 연결지었다. 영적 양극성을 지닌 전위묵시의식이 시공간적 차이를 뛰어넘어 재현될 수 있다는 아주 놀라운 발상이다. 기독교의 절대(배타)성을 벗길 수 있는 확실한 답이 여기에 있다. 하지만 이에 대한 정교한 설명이 부족한 듯 보였다. 이에 착안하여 '의식의 유사성'을 '역사유비'란 말로 재언표하여 풀어냈으나 이 또한 아직 충분치 않다. 종래의 존재유비, 신앙유비 이상으로 그 논리를 다듬어 갈 필요가 있다. 마지막 5장의 글에서 '역사유비' 신학의 틀과 내용을 좀 더 세밀하게 논해 보겠다.

5장

'역사유비'의 신학은 가능한가?

— 역사유비로서의 슐리얼리즘 신학

종교개혁 500주년이 지났으나 루터로 돌아가자는 슬로건이 여전히 난무한다. 초대교회로 돌아가자는 그간의 목소리가 종교개혁 시기로의 귀환으로 대치된 것이다. 그러나 이런 말을 하는 교회들이 정작 '처음처럼' 되고자 하는 마음이 있는지 많이 의심스럽다. 그 '처음'이 분명 오늘의 교회상(像)과 다를 터인데 자본에 길들여진 상태로 어찌 복귀 및 환원을 말할 수 있을지 모르겠다. 그렇다고 루터에게로 돌아가자는 의견에도 온전히 동의하기 어렵다. 지난 천 년 유럽 역사 속에서 가장 위대한 존재로 여겨지나 당대(천년 역사의 가톨릭교회)의 난제를 해결하여 근대를 열었을 뿐 오늘을 해명하기에 충족치 않은 탓이다. 그렇기에 일부 신학자들은 종교개혁가 루터의 시각에서 자유로울 때 비로소 성서—특별히 로마서—가 제대로 읽힐 수 있고 '다른' 기독교의 길이 열릴 수 있다고 했다.*

---

* M. 보그 & J. 크로산/김준우 역, 『첫 번째 바울의 복음』 (한국기독교연구소, 2010), 211 이하.

크게 보아 루터는 '존재유비'(Anabgia entis)에 근거한 중세 가톨릭교회와의 단절을 꾀한 종교개혁가였다. 3개의 '오직'(soal) 교리의 토대인 '신앙유비'(Analogia fidei)의 세계관을 갖고서 그는 개신교 신학을 정초했고, 근대적 여명을 밝혔다. 이후 기독교는 신구약성서를 공유하면서도 이들 신학 원리 차差에 터해 가톨릭과 개신교, 두 유형으로 달리 전개되었다. 목하 가톨릭교회와 개신교 간의 차이는 오롯이 이 두 신학 원리에서 비롯된 것이다. 그렇기에 이 두 원리는 옳고 그름의 문제로 접근, 판단할 수 없다. 성서를 해석하는 굳건한 두 틀거지가 된 탓이다. 여기서 핵심 논제는 3개의 '오직' 교리가 자본주의와 짝하여 야기한 개신교의 위기 상황이다. 이 땅을 찾았던 가톨릭 교종은 정작 "교회의 복음화 없이 세상 복음화 없다"며 교회의 자기모순을 적시했으나 자본 친화적인 개신교는 개혁 의지를 잃고 세습 문제로 시끄럽다. 물론 루터 종교개혁은 대응 종교개혁을 낳았고, 가톨릭교회와 함께 경쟁적으로 근대를 추동했었다. 2차 바티칸 공의회, JPIC 모임 등을 통해 저마다 자기 변혁을 모색했고, 세상과 옳게 조우하고자 노력했던 것이다. 하지만 과연 이 두 신학 원리가 여전히 기독교 이후 시대의 토대일 수 있겠는가를 자문한다. 자본주의 폐해가 극에 이른 현실에서 '체제 밖' 사유로서 자본주의 이후를 상상할 힘이 부재한 탓이다. 1%의 최상층과 99% 빈자들로 대별되는 양극화된 현실에서 기독교의 책임이 결코 작지 않다. 자본주의를 잉태했으나 자본화된 개신교의 책임은 한층 더 위중할 것이다. 뿐만 아니라 이들 신학 원리는 종교 고유한 내적 특성을 배격했고 각기 포괄주의와 배타주의의 틀로서 혹은 근본주의 이름하에 가치(종교) 다원주의를 부정하며 인류 평화와 공존을 위협하고 있다. 자신들 진리를 평화보다 앞세운 결과라 할 것이다.

나아가 이들 기독교는 진보를 벗 삼은 탓에 발전 신앙을 추동했고 지구적 차원의 생태학적 재난의 주범이란 말까지 들을 정도에 이르렀다. 이런 상황에서 신/구교 모두는 인류 및 지구 생태계 위기에 둔감한 채 자신들 교리 체계에 안주하고 있으니 큰일이다. '사실적 종말' 위기를 아무리 강조해도 교회는 영혼 구원을 앞세워 이를 귓전으로 흘리며 자본주의사회의 승리자 되기를 축복하는 수준에 머물고 있을 뿐이다. 이런 이유로 필자는 앞선 두 신학 원리가 현실과 조우함에 있어 문제가 있다고 판단한다. 한마디로 새로운 신학 원리가 발견되어 작동할 시점이 되었다는 것이다. 물론 이미 언급했듯이 '존재유비'와 '신앙유비', 두 원리는 상호 견제하고 경쟁하며 숱하게 변혁, 진화되어 왔다. 그렇기에 저마다 이 원리들을 갖고서 직면한 난제들을 해결할 수 있다고들 확신한다. 하지만 이런 확신은 부분적으로는 타당하나 전적으로 옳을 수 없다. 희랍의 피지스(physis) 철학을 탈각시킨 루터가 독일 신비주의 풍토에 말씀(하느님)을 접목시켰으나 '신앙유비'의 원리를 갖고 神(초자연) - 人(자연) 관계에 주목했기에 가톨릭신학과의 연속성을 벗지 못했다. 존재유비가 자연에, 신앙유비가 인간에 방점을 두었고, 신과의 관계에 있어 저마다 닮음과 차이를 강조했으나 이들 모두는 초자연을 상정했기에 신학 구조상 변별력이 없다. 플라톤의 이데아론으로 히브리적 초자연 사유를 강화, 내면화시킨 것이 개신교 신학의 골자였던 탓이다. 따라서 어거스틴의 하느님 도성처럼 루터의 두 왕국설 역시 이원론적 양상을 벗을 수 없었다. 20세기 들어 개신교가 십자가 신학으로 전회했으나 그 역시 사변적인 삼위일체 구조하에서였기에 역사 속 고통에 대해 실질적으로 답이 되기 어려웠다.

이런 정황에서 필자는 유대적 사유로부터 만들어진 신학적 인식 틀에 관심을 갖고 있다. 루터처럼 유대적 사유를 배척하거나 혹은 유대적 사유를 신학적으로 변형시켜 재구성하는 차원이 아니라 그것 자체를 신학화하는 방식으로 말이다. 주지하듯 2천 년 역사 속에서 기독교는 유대교에 대해 혹독했고 적대적이었다. 성서 기자들조차 실현된 절대적 기독론을 앞세워 당시 경쟁 관계에 있던 유대적 사유를 부정하고 흔적 지우는 일에 앞장섰다. 주지하듯 루터는 유대인을 동물처럼 보았고, 그들 율법의 정당한 의미를 탈각시켰다. 히틀러에 의한 유대인 대학살(홀로코스트)도 실상 이런 이해에 근거한 것이었다. 하지만 이에 편승한 기독교가 오히려 죽었다는 것이 당대 지성인들의 판단이었다. 유대인을 죽였던 기독교, 희랍적 개념에 의존한 이들 신학 체계가 아우슈비츠 참사로 인해 오히려 사망선고를 받은 것이다. 따라서 아우슈비츠 이후, 나아가 작금의 코로나 이후 신학을 위해 희랍적 사유 대신 유대적(히브리적) 사유를 절실히 요청했고, 급기야 이 시대의 좌파 철학자들 역시도 이에 터해 '다른' 기독교의 길을 제시하고 있는 중이다. 이런 경향성이 비운의 유대인 철학자 W. 벤야민에게서 비롯했음은 주지의 사실이다.[*] 유대적 메시아주의를 마르크스 유물론과 결합시켰던 그는 무신론적 신학(신 없는 신학)을 통해 실패했던 과거 역사를 현재로 소환하여 그를 구원코자 했다. 이는 승리자의 관점에서 기록된 2천 년 기독교 역사 및 신학과의 결별이라 해도 좋겠다. 여기서 필자는 신 없는 시대에서 '타자를 위한 존재'(관계 유비)를 역설한 본회퍼 신학의 철저성을 본다. 초월의 지평을 세속 한가운데서 찾고 보았던 본회퍼, 그는 타자를 위한 존재로서 인간을 신적 존재로 여겼고, 그리스도와의 관계적 존재인 것을 강변했었다. 하지만 벤야민에게 세속은 개인(인간)을 넘어 역사 그 자체였고, 그 속에서 실패한 자들이었다. 본회퍼처럼 초월은 더 이상 초자연이 아니었으나 초(超)개인적 차원에서 역사가 그의 초월적 지평이었다. 벤야민은 역사와 자연(생태계)의 대파국에 직면하여 실증적(닫힌) 진보 사관 대신 실패한 자의 시각에서 역사를

---

[*] 이하 이 글에서 다뤄지는 W. 벤야민의 사상은 다음 책들 내용을 나름 소화하여 재정리한 것이다. 빌터 벤야민/최성만 역, 『역사의 개념에 대하여 외』(도서출판 길, 2012); 문광훈, 『가면들의 병기창 ― 발터 벤야민의 문제의식』(한길사, 2014); 강수미, 『아이스테시스 ― 발터 벤야민과 사유하는 미학』(글 항아리, 2011); 미카엘 뢰비/양창렬 역, 『발터 벤야민: 화재경보』(난장, 2017). 특히 마지막 책에서 많은 영감을 얻었다.

재™서술했고, 역사 및 자연 생태계의 미래를 '달리' 생각했다. 실패한 과거를 소환하여 기억함으로 예측 불가능한(메시아적) 미래를 열고자 한 것이다. 실패한 역사의 구원이 메시아 도래의 목적이란 말이다. 이는 초자연 혹은 그의 변형인 진보 사관에 의존한 이전 두 신학 유형과 패러다임을 전적으로 달리한다. 이에 필자는 벤야민식의 낭만주의적 어법을 다소 비틀어 '역사유비'(*Analogic historiae*)*란 조어를 사용할 생각이다. '존재유비', '신앙유비'를 주창한 아퀴나스, 루터처럼 벤야민을 '역사유비'의 창시자로 내세워 종교개혁 이후 신학의 가능성을 모색할 목적에서다: "실패한 역사와 메시아(도래)의 유비."

    이를 위해 중요한 것이 벤야민의 성좌(하늘 별자리) 이념이다.** 여기서 성좌는 결코 동일성 원리에 종속되지 않는 이질적 현상들의 질서정연한 배치를 형상화한다. 일회적이고 극단적인 것들로 구성된 하늘 별자리처럼 역사가 불연속적인 것들로 구성되었으나 이들 간의 연관 관계를 형상화시켜 연구하는 것을 벤야민은 역사철학(이념)이자 신학적 사유라 했다. 상호 불연속적인 것을 있는 그대로

---

* 물론 역사서 이런 조어(造語)가 사용될 수 있을지 미지수이다. 하지만 지금껏 신학의 골자였던 신/구교의 두 유비가 초월과 내재의 관계에 터했었다면 역사적 과거를 구원하려는 미래를 메시아적 사유에서 또 다른 유비 구조를 밝혀 사용하는 것도 가능하다 생각한다.

** 강수미, 『아이스테시스 ― 발터 벤야민과 사유하는 미학』, 27-50.

사유하되 그들 간의 상호 '울림' 관계를 살펴내는 것도 반드시 필요하다. 후일 그가 신학적 사유와 유물론적 사유의 양극단을 융화시킬 수 있었던 것도 이런 연유에서다. 이 과정에서 소외된 것, 평가절하된 것 그리고 뭇 차이들은 언제든 보편에 참여할 수 있다. 개별 특성과 보편 이념들이 독자적으로 반립하면서도 말이다. 여기서 우리는 이신이 말했던 '역사적 일관성이 없는 유사성' 혹은 '관계성 없는 관계성'이란 말을 복기할 필요가 있다. 역사가 미래만을 향하지 않고 과거로 결을 거스를 수도 있기에 가능한 일이다. 하지만 불연속성을 강조하는 역사 이해의 틀로서의 성좌 이념을 종래 신학이 사용했듯 '유비'로 언표하기가 적당치 않을 수도 있겠다. 그럼에도 역사 이해의 또 다른 핵심 개념인 '기억'이 과거를 구제하는 메시아 사건과 관계하기에 감히 '역사유비'란 말로 새로운 신학 틀을 상정해 볼 것이다.

이에 더해 여전히 토착화신학자로서 이에 보충할 것이 없는지를 거듭 질문해 본다. 아시아의 종교 문화 전통이 유대적 사유를 풍요롭게 하여 신학의 전회, 종교개혁 이후 시대의 기독교를 좀 더 보편적으로 재정립할 수 있다고 믿는 탓이다. 유대적인 것과 아시아 사유 간에 유사성이 적지 않을 것이란 추측과 판단도 작용했다. 하지만 여기서 핵심은 존재의 집으로서의 언어에 관한 문제다. 주지하듯 '존재유비'와 '신앙유비'의 신학이 각기 라틴어와 독일어로 사유된 것인 반면 유대 신비주의에 바탕한 '역사유비'는 히브리적 세계관(언어)의 반영이라 할 것이다. 천지인天地人 삼재三才 사상에서 비롯한 한글 또한 의당 고유한 신학적, 철학적 뜻을 함축하고 있다.* 언어가 달라지면 사유 방식도 함께 변하는 것인 바, '역사유비'의 신학을 이 땅 고유한 삼재론 틀거지에서 재구성할 때 이 글이 지향하는 작업 역시 끝날 수 있다. 이를 위해 성리학을 민중적으로 재해석했던 동학東學의 후천개벽설後天開闢說이 중요하다. 거듭 말하지만 신학자 이신이 최제우의 신비 체험을 예수의 그것과 '관계성 없는 관계성' 차원에서 살폈던 까닭이다. 동학을 전위묵시의식의 차원에서 현상학적으로 수용했던 이신의 신학적 사유가 중요한 이유이다.

1. '존재유비'와 '신앙유비'를 넘어서

탈(Past) 기독교 시대가 되었고 아시아가 세계의 중심인 시대에 이르렀으나 이 땅 기독교인들의 의식은 아직도 중세 혹은 근대에 머물고 있는 듯하다. 이들 의식 속에서 기독교 종주국인 미국과 성서의 발원지인 이스라엘은 조국으로서의 대한민국을 능가하는 절대적 위상을 지녔다. 이런 사대적 발상은 계시 종교로서의 기독교적 배타성이 지속적으로 학습된 결과였다. 칼 야스퍼스의 지적대로

---

* 다석학회 편,『다석강의』(현암사, 2006); 이정배,『없이 계신 하느님, 덜없는 인간』(모시는사람들, 2009); 동 저자,『한국 개신교 전위 토착신학연구』(기독교서회, 2003).

실존적 차원에서의 무제약적인 신뢰와 실증주의적 배타성 요구가 동일하지 않음에도 계시 신앙이 일체 타자를 부정하는 절대적 권위가 된 탓이다. 즉, 계시 신앙에 터한 3개의 '오직'(sola) 교리는 이 땅의 문화와 전통을 거부했고 광장의 평균적 시민의식과도 갈등했으며 약자, 소수자를 불편하게 여기는 풍토를 만들어 왔다. 무엇보다 이런 절대성의 요구가 자본주의적 욕망과 결합되어 교회를 기득권 세력들의 장(場)으로 변질시켰으니 성서의 본뜻마저 왜곡, 부정하는 셈이다. 한마디로 기독교적 배타성이 종교(사상)적 사대주의를 낳았고 물질 욕망을 부추겼으며 생각하는 힘을 총체적으로 앗아간 것이다. 그렇기에 우리는 기독교, 즉 계시 신앙이란 것이 절대 유일무이한 종교이자 사유체계이고 세계관인지를 다시 묻고자 한다.

앞서 본 대로 '존재유비'와 '신앙유비'는 기독교를 설명하고 이해하는 사유 체계들이다. 각기 가톨릭교회와 개신교를 근거 짓는 핵심 원리로서 저마다의 방식으로 기독교의 절대성을 설명하는 방식이었다. 전자는 포괄주의의 형태로, 후자는 배타주의적 방식으로 기독교 보편성과 절대성을 언표했던 것이다. 하지만 이런 인식 틀 자체는 선험적으로 주어진 것도 아니며 성서의 본뜻과도 일치되지 않는다. 히브리적 종교성이 각기 다른 풍토에서 적응 내지 토착화되는 과정에서 생겨난 후천적인 산물일 뿐이다. 그렇기에 특정 시공간 속에서 형성된 신학 혹은 그의 인식 틀을 보편적으로 강요할 수는 없다.

저마다 해당되는 시공간 속에 적합했던 것으로서 오늘 우리에겐 새로운 틀거지를 위한 범례가 될 뿐이다. 그렇기에 한 신학자는 신학의 언어란 항시 '그렇지만, 그러나 그렇지 않은'(It is, but it is not) 구조, 즉 은유(Metaphor)로서의 역할뿐이라고 했다.* 물론 지금도 '존재유비'로서의 자연신학과 '신앙유비'로서의 변증신학은 여전히 유의미하다. 초월과 내재, 하느님과 인간, 복음과 문화가 유비 혹은 변증의 논거로 해명될 수 있는 까닭이다. 하지만 이것도 서구 기독교적 사유 틀 안에서만 가능할 것이다. 기독교 이후 시대와 아시아적 공간에서 적용되어야 할 당위가 될 수도, 될 필요도 없다. 신학은 언제든 특별한 시공간 안에서 발생하는 것으로서 그의 역사성 나아가 토착성이 자기 본질일 뿐이다. 시공간이 달라지면 인식 틀의 차이도 필히 존재할 수 있는 법이다.

말하였듯이 '존재유비'와 '신앙유비'는 각기 희랍과 독일적 풍토에서 생겨났다. 히브리적 사유와 희랍적, 특별히 아리스토텔레스의 '자연'(physis) 사유가 만나 형성된 것이 전자이며, 유럽 문명의 중심이 북서부로 옮겨져서 독일적 에토스로 표현된 것이 바로 후자의 경우라 할 것이다. 흔히 세계관과 종교의 관계는 물과 물고기의 관계로 비유된다. 이 둘은 서로 같지는 않으나(不一) 결코 둘로 나뉠

---

* S. Mcfague/정애성 역, 『은유신학(Mataphorical Theology)』 (다산글방, 2001).

수 없는(不二) 상태로 있는 탓이다. 물이 바뀌면 물고기도 달라지듯 세계관이 다르면 종교 역시 달라질 수밖에 없다. 세계관을 결정짓는 핵심은 풍토, 곧 인간이 그 속에서 거주하는 자연이다. 풍토에 따라 인간의 자기 이해 방식이 달라지고 그로부터 종교적 표상의 차差 역시 생겨나는 까닭이다. 제 문명과 차축 시대 종교들이 저마다 다른 풍토에서 생겨났음이 이를 실증적으로 적시한다. 인도와 같은 몬순 풍토에서 히브리적 초월 신관을 기대할 수 없고, 자연을 질서(코스모스)로 인식한 희랍에서 '업業'이나 '윤회' 같은 종교적 표상을 상상하기 어렵다. 이런 발상은 시간성에 무게를 실은 기독교 서구의 종교 이해와는 크게 다르겠으나 부정할 수 없는 진실이다. 풍토에 터해 생각할 경우 특정 종교의 배타성과 우월성의 여지는 결코 존재할 수 없다. 하지만 기독교 서구는 사막풍토에서 비롯한 초월 신관을 자신들 필요에 맞게 희랍적 풍토와 독일적 풍토에서 각기 다른 방식으로 절대화시켰다. 한스 큉은 5~6개의 패러다임으로 전체 기독교를 대별했으나 필자는 현존하는 가톨릭과 개신교만을 논제로 삼고자 한다. 사실 두 신학 유형에 '유비'란 말이 함께 붙었으나 자연신학의 경우와 달리 후자의 경우 변증(법)이란 말이 적절하다. 차이에 터한 변증신학이 바로 신앙유비의 본질인 때문이다. 지금껏 서구 기독교는 일천 년간을 유비로, 이후 오백 년을 변증(법)을 토대(방법론) 삼아 자신들 신학을 절대화했다. 전자는 초자연과 자연의 닮음에, 후자는 양자 간의 차이를 강조하며 이들을 갖고서 기독교와 기독교 이외의 것 일체를 도식화했다. 최근 들어 가톨릭 신학 역시도 은유 대신 역설(혹은 사이 논리, metaxology)이란 말을 선호하기 시작했다.* 하지만 이 역시 차이보다는 실재하는 보편성을 강조할 목적에서 그리한 것이다. 여하튼 '유비'를 역설과 변증(법)으로 각기 달리 이해했을지라도 이들은 보편성과 차이에 방점을 두고 긴 세월 동안 현존하는 기독교의 두 모습으로 자리 잡았다. 개체를 강조하는 유명론과 보편에 역점을 둔 실재론이 저마다 현대적으로 재구성된 모습일 수 있다. 이 개념들에 근거한 신학의 두 형식은 탈脫서구, 기독교 이후 시대에 이르러 이제 재再구성을 넘어 그 한계에 직면할 필요가 있다. 익히 알듯이 가톨릭의 유비는 존재의 일의성에 터해 개체 역시도 초월성을 공유하는 공통 존재(rescommune)인 것을 강조한다. 그렇다고 이것이 양자 간의 절대적 동일성을 뜻하지 않는다. 다르지만 공통적이라는 의미에서 유비는 동시에 역설이기도 하다. 존재의 일의성과 다의성(차이)을 함께 긍정한 탓이다. 이 점에서 유비, 곧 역설은 차이만을 강조하며 존재의 다의성에 무게 실은 개신교의 유비, 곧 변증(법)과 크게 다르다. 존재 자체인 초월과 유한 존재 간의 공통 범주를 허용치 않는 까닭이다. 변증(법)은 본질과 존재의 구별을 전제할 때 가능할 수 있다. 이들 두 유비 모두 모순의

---

* 슬라보예 지젝 & 밀뱅크/배성민 외 역, 『예수는 괴물이다』 (마티, 2013), 178; 이정배, 『신학 ─ 타자의 텍스트를 읽다』 (모시는사람들, 2015), 212-221.

존재성을 인정하나 이를 역설(유비)로 풀거나 존재 부정의 변증(법)으로 해결하는 방식으로 각기 기독교를 구성했고 형식화했다. 가톨릭의 경우 초월적 존재는 현실 존재들의 무한한 자기실현에 상응한다. 즉, 존재 그 자체가 현실적인 것의 최대공약수가 된 것이다. 아리스토텔레스의 유기체 철학으로 보편자와 개별자를 한 범주로 묶은 결과라 하겠다. 이 경우 보편적 실재는 다의적 존재들의 안정성을 보장한다. 일체 대립된 것들을 일치시키는 역설로 인한 것이다. 따라서 여기서는 모순의 극복 대신 모순율 자체의 폐기가 관건이며, 일자와 다자의 역설적 공존이 우선이다. 성령은 이런 역설의 신학적 언표가 될 것이다. 반면 개신교의 변증(법)은 현실적 우발성 혹은 소외 개념을 우선시했다. 여기서 십자가는 바로 우발성의 상징이다. 물론 부정될 대상이겠으나 존재 자체와 무관한 현실로서의 이런 대자적 존재는 변증(법)에 있어 으뜸이다. 보편적 실재론에 대한 거부 내지 부정을 내포했기 때문이다. 우발성, 소외로 인해 존재자의 세계 자체도 의당 부정될 수밖에 없다. 오히려 다의적 우발성(차이)이 세계의 본질이 되었기 때문이다. 하지만 변증(법)은 일체 차이를 환원할 수 있는, 즉 모순을 부정, 극복하는 힘을 역설한다. 철학은 이를 역사 필연적 운동 원리라 했고 신학적으로 신앙이라 이름했던 바, 신앙유비의 존립 근거라 말해도 좋다.

하지만 목하 현실에서 두 유비는 그것이 역설이든 변증이든 간에 세상을 옳게 설명할 수 없게 되었다. 우선 보편의 전제하에 일자와 다자의 공존을 말하는 가톨릭적 '역설'로서의 유비는 역사 필연적 변증(법)만큼이나 낙관적이다. 다자의 현실은 결코 일자와 공존하기 어렵다. 온갖 차이를 보편 혹은 초월의 이름하에 수렴시키기에 현실 악(惡)과 맞설 힘을 제공치 못한다. 최대공약수란 말을 통해 일자와 다자 간 차이를 논하나 실상 차이는 보편에 흡수, 환원될 수밖에 없다. 보편이 초월의 다른 이름인 한에서 하느님을 성령으로 대치할지라도 신학은 역사를 희생시킬 수밖에 없을 것이다. 그렇기에 가톨릭 '존재유비'는 기독교 이후 시대의 종교 상황, 곧 종교(가치) 다원적 현실과도 공명할 여지를 잃었다. 기독교와 이웃 종교 간의 최대공약수로서의 가톨릭적 포괄주의가 하나와 여럿의 관계를 여전히 하나에 종속 내지 수렴시킨 또 다른 경우라 할 것이다. 역사와 종교의 문제만큼이나 자연 역시도 보편 논리에 희생된 측면이 있다. 일자와 다자, 보편과 차이를 유기체적 틀거지로 엮었던 결과, 자연의 창발성, 우발성 역시 충분히 설명될 수 없었기 때문이다. 일자(一者)를 지향하는 과도한 목적론이 인간 역사뿐 아니라 자연 역사를 약화시켰기 때문이다. 결국 가톨릭의 존재유비는 보편, 일자, 초월에 대한 합리적 긍정을 위한 논거였기에 개체, 다자, 역사를 상대적으로 소홀히 다뤘다. 그렇기에 이런 신학적 틀이 자본주의, 군사주의 폐해가 만연된 오늘의 현실에 기여하기 어렵다.

개신교의 '신앙유비' 역시 이와 조금도 다르지 않다. 결과는 같겠으나 비판의 방향은 서로 다를 수 있다. 개체, 다자(다의성), 자연

세계를 철저하게 부정적으로 보았던 것에 대한 반문이다. '존재유비'와 달리 작금의 현실을 자기 극복 여지없는 절망적 상태로 보는 것의 타당성 여부에 대한 물음이다. 이런 부정적 현실은 개신교 '신앙유비' 전통 안에서 신적 초월성과 대비되었고, 역사 필연적 이성을 통한 극복의 대상이었다. 신적 초월성과 역사적 낙관성은 동전의 양면으로서 '신앙유비', 곧 '변증'의 근거이자 내용이었기 때문이다. 여기서 예수 십자가는 초월성의 대자적 존재로서 온갖 부정성(우발성)의 실상이자 동시에 그를 무화시킬 수 있는 힘으로서 신학의 요체이다. 가톨릭이 성령으로 '역설'을 언표했다면 개신교의 경우 십자가는 변증(법)을 적시하고 있다. 따라서 '신앙유비'의 전제이자 토대로서 십자가는 역사의 어둠, 부정성 및 우발성을 말함에 있어 가톨릭 신학보다 우월하다. 역사적 우발성과 대면함에 있어 훨씬 철저할 수 있다. 하지만 십자가 신앙이 역사 필연성으로 이해되었고, 더구나 초월적 신관에 절대 의존됨으로써 가톨릭신학의 경우처럼 여전히 낙관론에 치우쳤다. 신적 초월성이 낙관론을 보장했고, 그것을 결정론적으로 수용토록 한 것이다. 여기서 개신교 신학은 몇 가지 점에서 피할 수 없는 한계에 봉착한다. 우선 십자가와 초월적 신과의 관계에서이다. 십자가란 의당 초월적 신의 죽음을 뜻하는 것인 바, 여기서 신은 '사라지는 매개자'일 뿐 결코 회귀할 대상일 수 없다는 것이다.* 십자가를 필히 무신론적 시각에서 봐야 한다는 논거다. 형이상학적 보증으로서 신(초월)이 실종된 시대에 살고 있는 까닭이다. 두 번째로 신적 초월성과 현실 부정성의 양립은 타자 부정적인 배타적 정체성을 산출했다. 가톨릭 포괄주의와 달리 원천적 타자 부정은 종교 근본주의로 확대 재생산되어 평화와 공존을 허용치 않았다. 종교의 진리보다 소중한 것이 평화임에도 말이다. 초월적 신관이 근대 기계론적 자연관과 짝하여 생태 위기의 진원지가 된 것도 '신앙유비'의 또 다른 한계라 하겠다. 자연의 능동성을 앗아간 기계론적 자연관이 초월 신관을 강조한 종교개혁 신학 탓이란 지적도 수없이 많다. 기후 붕괴 시대에 이른 지금 생태신학을 위해 새로운 기독교가 필요한 상황이다.

2. 기억을 통한 '역사유비'의 신학

존재유비, 신앙유비와 달리 '역사유비'는 유대적 사유에 충실한 것으로서 초월의 역사적 지평을 강조한다. 여기서 핵심은 실패한 과거와 메시아 사건 간의 상관성이다. 실패한 과거가 자신의 구원을 위해 필히 메시아 사건과 연루된다는 것이 '역사유비'의 핵심이자 관건이란 뜻이다. 이전 신학의 두 '유비'가 초자연(초월)과 자연 간의

---

* 이정배, 『신학 — 타자의 텍스트를 읽다』, 167-223. 지젝에 관한 필자의 논문 제목은 다음과 같다: "유물론의 기독교적 이해 — 새로운 보편성을 추구하는 지젝의 유물론적 신학," 특히 182-184를 보라.

관계를 중시했다면 여기서의 유비는 과거와 메시아적 미래의 관계, 즉 실패한 과거의 구원 내지 회복이 관건이다. 역사 속에 초월이 개입했기에 역사를 통해 초월이 실현될 것이라 믿은 탓이다. 따라서 실패한 과거와 메시아, 상호 이질적인 두 개념이 '기억'을 통해 관계 맺고 그를 통해 과거를 구원할 수 있다는 역사철학(W. 벤야민)의 신학화가 본 장의 주제라 하겠다. 물론 여기서 사용된 '역사유비'란 것은 앞서 말했듯 필자가 만든 조어이다. 하지만 존재유비, 신앙유비 가 있었듯이 기억에 의거한 '역사유비' 역시 사용 못할 이유가 없을 듯싶다. 기억을 통해 이질적 두 시제時制가 연관되고 실패한 과거를 구원한다는 발상은 아시아적 토양에서도 여전히 의미 깊다. 앞서 신학자 이신 역시 현상학적 시각에서 역사의 친족 관계성을 언급한 바 있었다. 따라서 본 장에서는 기독교 내부의 앞선 두 유형을 대신하 여 역사유비를 통해 기독교 신학의 새 지평을 제시할 수 있다. 이것은 두 번째 종교개혁의 가능성으로서 그 실현의 아시아적 지평을 열어 젖힐 것이다.

벤야민의 주저, 『역사의 개념에 대하여』는 독일 낭만주의, 유대 메시아주의 그리고 마르크스주의의 세 지평에서 창조적으로 생기 했다.* 낭만적 메시아주의와 역사적 유물론의 창조적 묘합妙合이라 불리기도 한다. 낭만주의가 메시아사상과 마르크스주의 간의 연결

---

* 미카엘 뢰비/양창렬 역, 『발터 벤야민: 화재경보』, 13-44.

고리라 해도 틀리지 않을 것이다. 이 과정에서 앞선 두 유비를 앞세운 기독교 서구의 진보 사관에 대한 위험이 강하게 적시되었다. 진보가 역사를 파국으로 이끌었다고 본 탓이다. 그렇기에 위 책은 유대 문화와 전통을 옳게 기억하여 그 경험을 바탕으로 역사와 자연을 재구성하고자 했다. 진보의 과정에서 그것이 사람이든 역사든 자연 이든 간에 오로지 실패한 것들, 희생양들을 구할 목적에서다. 앞선 두 유비가 초자연(초월)과 자연 간의 관계에 주목했다면 벤야민의 경우 실패한 과거, 곧 역사 속에서 메시아적 사건을 읽었기에 이런 '역사유비'는 오롯이 유대적 사유의 결과였다. 실패한 과거를 구원치 않고서 인간은 한치도 앞을 향할 수 없다는 메시지를 자본주의 문명 과 그를 추동한 서구 기독교에게 내뱉었다. 이런 점에서 벤야민의 역사철학이 서구 기독교 문명에게 전하는 일종의 '화재 경보'란 말은 옳다.*

거듭 말하지만 벤야민 역사철학은 시공간을 막론하고 패배했던 역사를 구원하고자 한 것이다. 그렇기에 그의 역사 테제들은 시종일 관 기존 종교, 정치, 이념, 역사를 뒤집어 달리 읽도록 촉구한다. 이를 위해 우선 신학과 역사적 유물론의 역사적 승리를 위해 '체스 기계 속 난쟁이'로 언표되는 메시아 사상이 필히 요청된다. 그러나 신학은 역사 이면에서 비가시적으로 현존할 뿐이다. 벤야민에 의하

---

* 위의 책, 43.

면 그것은 유물론의 조력자일 뿐 그 자체가 목적일 수 없는 탓이다. 하지만 기억 혹은 회억[回憶]과 메시아 구원을 핵심 요소로 삼는 신학은 역사 개념을 새롭게 구성하는 두 축이다. 즉, 비가시적 동력, 곧 영적 힘으로서 이들 두 요소가 역사적 유물론을 활성화시켜 패배한 과거를 치유하는 까닭이다. 이렇듯 유물론이 실패한 과거와 맞닥뜨리는 과정에서 신학, 곧 메시아주의는 그의 미래적 변화, 곧 구원을 추동하는 바, 여기서 우리는 '역사유비'의 개괄, 곧 총론을 본다.

'역사유비'의 핵심은 기억 또는 회억이다. 신학의 한 요소로서 애도적 기억은 종결된 듯 여겨진 희생자, 패배자들의 고통을 현재로 불러내는 탓이다. 역사를 미[未]종결성, 미완의 과제로 보고 그를 구원할 방책으로서 회억, 기억을 말하고 있다. 이는 오로지 과거의 불의를 지양, 폐기시키려는 오롯한 목적, 즉 역사에 신학적 차원을 덧입혀 그를 완성코자 함이다. 이런 과제는 패배한 과거가 현재에게 부과한 의무이자 책무이다. 역사 속 희생자들을 쉽게 잊고 가볍게 여길수록 우리 현재의 구원도 요원하다. 우리가 세월호 참사에 대해 "잊지 않겠노라" 선포한 것도 이런 연유에서다. 그렇기에 애도적 기억(回憶)은 낭만적 회한과 달리 우리 각자를 지금 메시아적 구원을 이룰 주체로 소환한다. 기억하여 혁명하라는 것이다. 과거의 복원만이 아니라 현재를 변혁시키라는 뜻일 것이다. 하지만 어디에도 이런 구원은 보장되어 있지 않다. 그러나 최소한 구원을 포착, 파악하는 법이라도 깨쳐야 한다. 그래서 기억이 중요한 것이다. 현재를 사는 우리와 실패한 과거가 이런 신학적 관계 속에 놓여야 마땅하다. 초자연(초월)과 자연의 연속/비연속을 말하는 이전의 두 유비와 달리 과거와 현재를 메시아적 구원의 장^場으로 통전시키는 '역사유비'로서 말이다. 그렇기에 이신은 과거와 현재를 현상학적으로 유사성 없는 유사성으로 언표할 수 있었다.

그렇기에 이처럼 애도적 기억은 과거와 맺는 신학적 관계로서 '역사유비'의 핵심이다. 그래서 기억을 메시아 사건을 실현시키는 돌쩌귀, 곧 바위 속의 가는 틈새라 여겼다. 아무리 큰 돌덩이라 해도 틈새로 인해 무너지고 조각날 수 있는 탓이다. 그래서 한 사람의 억울한 고통일지라도 기억하고 애도하는 것이 필요하다. 망각을 벗는 것이 '역사유비'에서 일차적 관건이다. 이런 신학적 사유는 일정 부분 망자에 대한 기억을 본질 삼는 유교의 제사 행위와도 유사하다. 이 과정에서 인간관계를 비롯해 일체 존재의 회복 역시 공통 관심사일 것이다. 하지만 '역사유비'는 이런 원상회복과 미래적 상태의 유관성을 한층 더 강조한다. 과거 그 자체는 자신의 이전 상태와 결코 동일하지 않다는 것이다. 메시아적 미래가 현재를 혁명적으로 성찰하여 패배한 과거의 역사를 단절시키는 까닭이다. 기억을 통해 혁명적인 메시아적 힘을 받음으로써만 과거는 그 의미를 변화시킬 수 있다. 그러나 동시에 이런 과거가 재차 현재를 위한 힘이 되는 것도 사실이다. 실패한 과거가 메시아적 빛으로 미래를 위한 자양분이 되는 탓이다. 이렇듯 메시아적 사건으로 과거와 현재가 상호 변증법적으로 영향을 미치는 바, 바로 여기서 우리는 '역사유비'의 묘미이자 요체를 본다. 과거에 대한 현재의 기억(회억)이 향일성 식물처럼 과거를 미래로 방향 지을 수 있다. 이 점에서 성좌^{星座}, 곧 별자리 개념이 중요하다. 이질적인 현상들을 질서 있게 배치시킨 하늘의 별자리(星座)처럼 불연속적인 역사들 간의 연관성 역시 이에 터해 형상화된 까닭이다. 이로부터 과거 파편들이 현재와 만나 미래를 형성하는 일련의 관계성, '역사유비'가 비롯할 수 있다. 역사와 정치(신학), 회억과 구원의 관계를 적시할 목적에서다. 앞서 보았듯이 신학자 이신은 이런 과정 전체를 성령의 역사로 이해했다. 사건의 동시성을 역설한 것이다. 여기서 핵심은 뭇 야만성을 숨긴 채 승리자들의 도구가 된 역사(진보)주의와의 절연이다. 과거에서 기존 질서를 뒤집는 혁명의 불씨가 점화될 수 있다고 보았던 까닭이다. 이는 역사의 결을 거스르는 일로서 패배자, 배제된 자의 시각을 앞세웠던 결과였다. 이런 혁명, 곧 계급 없는 평등사회는 '예외 상태'라 일컬어진다. 그럴수록 역사(진보)를 중단시켜 예외를 일상화시키는 것은 메시아적 사건일 수밖에 없다. 따라서 정치, 경제적 평등과 신학적 메시아성이 일방적 환원이 아닌 역전^{逆轉} 가능한 호환^{互換}적 관계 하에 놓여졌다. '계급'없는 평등사회가 희생자, 패배자들에 대한 회억에 바탕했기에 인류 과거를 품은 미래적 개념이자 보편적인 신학적 구원사의 본질이기 때문이다. 이 점에서 '역사유비'는 현재, 과거, 미래 간의 변증법적 종합의 산물이다. 여전히 관건은 메시아성과 회억에 대한 신학적 관점이다. 본래 미래적 차원인 이것이 패배한 과거를 회억시켜 지금 이곳을 예외 상태로 만들도록 추동하는 까닭이다. 그래서 기억을 메시아가 도래하는 틈새와 같은 것으로 비유했다. 실패한 과거, 억울한 역사에 대한 회억 없이 메시아 사건을 기대할 수 없다. 회억이 미래를 앞당겨 과거와 현재를 구원하기에 그것은 상호 다른 현상을 연관시킨 성좌^{星座}처럼 '역사유비'에서 이질적 시제^{時制}를 엮는 주체라 하겠다. 따라서 애도적 기억을 그치는 것은 인간 역사에서 메시아 성을 빼앗는 반신학적인 행위이다.

하지만 '역사유비'의 신학은 마르크스의 유물사관에 빚졌으나 그를 초극한다. 짐작하듯 역사 배면에서 활동하는 신학적 사유로 인함이다. 그것은 실패한 과거를 구할 뿐 승자의 역사를 지속하지 않는다. 마르크스주의가 진보 이념을 표방하는 한, 그 역시 불평등을 양산한 자본주의와 함께 비판될 수밖에 없다. 부를 창출하는 노동에 대한 자본주의의 예찬만큼이나 기술 진보에 맹목적인 사회주의 또한 어설픈 낙관주의로 자신의 야만성을 멈추지 않았기 때문이다. 물론 그것이 마르크스 자신의 본뜻이 아니었다고 하더라도 말이다. 기술적 진보가 결국 산업 숭배로 귀결되었기에 불평등 체제를 낳았고 반^反생태적 문명을 초래했던 것이다. 문둥병(나병)에 걸린 문명이란 말도 이런 맥락에서 회자되었다. 기술이 자연을 지배했으나 노동의 자발성을 앗아 사회적 퇴보를 가중시킨 결과다. 기술 발전으로 촉발된 전쟁, 세계적 차원의 빈부격차로 진보 개념은 이제 무용지물로 변했다. '역사유비'의 골자인 예외 상태, 즉 현재와 과거 그리고 미래가 엮인 성좌의 한 지점을 결코 창발시킬 수 없는 것이다. 여기서 특별히 강조할 것은 자연생태계로 역사 지평의 확장이다. 실패한 역사, 곧 착취된 노동만큼이나 수탈된 자연에 대한 회억 역시 소중하기 때문이다. 보편적인 신학(메시아)적 구원사에 자연 생태계 역시 포함되는 것이 마땅하다. 따라서 생태적 관심은 실패한 과거에 대한 애도哀悼적 기억의 다른 표현이라 할 것이다. 실패한 역사가 중요하듯 수탈된 자연 역시 다른 현재를 추동하기에 미래적 희망과 분리될 수 없다. 그래서 '역사유비'는 거듭 희생된 과거를 기억할 것을 가르친다. "우리 세대가 남길 유일한 이미지는 패배한 세대의 이미지이다. 그것은 도래할 자들에게 줄 유품이 될 것이다."*

　　이하에서 성좌 이미지를 갖고 '역사유비'로서의 신학, 곧 종교개혁 이후의 신학, 무엇보다 자본주의적 진보 사관을 극복할 수 있는 새로운 신학 장場을 연 W. 벤야민의 생각을 재차 약술, 개관해 보겠다. 이것은 아퀴나스의 '존재유비', 루터 이래로의 '신앙유비'와 견줘도 손색없는 획기적인 신학 모형이자 내용을 세월호 이후 한국기독교에 주는 선물이라 믿는다. 실패한 과거를 현재 속에 농축, 전유함으로 미래로 도약하는 회억回憶에 기초한 '역사유비'의 신학은 개혁을 넘어 혁명을 가능케 한다. 요약하자면 '역사유비'의 신학은 실패한 과거,

* 위의 책, 161.

역사의 불연속성 그리고 민중의 혁명성이란 개념에 의존해 있다. 패배한 역사는 수없이 반복되었으나 저마다 불연속적이다. 하지만 그것은 회억을 통해 예외적인 사건(혁명)을 지속적으로 발생시켰다. 따라서 '역사유비'의 신학은 예외가 된 이런 역사(전통)를 성좌가 그렇듯 현재 속에서 씨줄 날줄로 엮어내야 한다. 이런 과거사가 모두 수집될 때 비로소 과거와 미래(메시아性)의 합치가 가능해지기 때문이다. 기억이 개입한 과거와 혁명적 행동을 도발하는 현재 사이에 메시아적 통일성이 있다는 것이다. 메시아적 시간으로 채워진 역사만이 불평등을 낳는 진보, 곧 세계의 흐름을 중단시킬 수 있고 역사를 중단시키는 존재, 그가 바로 메시아인 탓이다. 바로 여기서 '역사유비'의 신학이 성립한다. 불연속적 역사 개념에 터해 현재와 과거 간의 연관성을 구축하는 까닭이다. 성좌의 이미지가 말하듯 역사에서 축출한 예외성은 단자單子로서 한순간이 긴 하나 동시에 일체 역사를 충만케 하는 혁명(메시아)적 순간이 된다. 이런 단자가 보편(메시아)적 구원사의 결정체란 뜻이다. 역사는 이렇듯 혁명(가)의 순간에 자신의 모든 시제時制를 집결시킬 수 있다. 이신의 슐리얼리즘 신학이 공시적인 성령론적 틀에서 전개된 것도 이런 맥락에서다. 향후 벤야민의 메시아적 통일성 개념과 이신의 공시적 성령 이해가 내용적 면에서뿐 아니라 논리적 측면에서 정교하게 비교될 수 있으면 좋겠다.

3. 종교개혁 이후以後 신학으로서의 '역사유비', 그 한국적 함의

주지하듯 독일에 아우슈비츠가 있었다면 한국은 세월호 참사를 경험했다. 아우슈비츠와 함께 독일 기독교가 죽었듯이 세월호로 인해 이 땅 기독교 역시 더욱 세차게 몰락 중이다. 코로나 사태 이후 기독교의 약세가 더욱 가시화되었다.[*] 유대적 사유가 아우슈비츠 '이후' 신학의 토대가 되었던 것처럼 한국의 기독교도 이제는 새로운 사유에 터해야 옳다.[**] 기억을 말함에 있어서는 유교의 제사 문화가 그리고 역사유비의 신학을 위해서 성리학과 '脫/向'의 관계에 있는 동학東學의 후천개벽 사상이 필요할 것이다. 이들 한국적 사유들이 세월호 이후 신학으로서 '역사유비'의 원리를 수용함에 있어 좋은 용기容器가 될 수 있다. 이신의 슐리얼리즘 신학 역시 이 점에서 그 역할이 있다. 본 장에서는 이런 수용 과정을 논의할 것인 바, 이들 과정 전체를 필자는 시대 적합한 혹은 시대 필연적인 신新 토착화 운동이라 일컫고자 한다. 그리고 이를 과감하게 종교개혁 이후 신학이라 통칭할 작정이다. 세월호 이후 신학이 향후 토착화 신학이자 유대적인 '역사유비' 신학의 한국적 수용이라 믿는 탓이다.

---

[*] 이정배, 『코로나 바이러스 사람에게 묻다』 (신앙과 지성사, 2021), 1부 논문 참조.
[**] 이정배, "아우슈비츠 以後 신학에서 세월호 以後 신학을 보다," 『세월호 以後 신학』, 한국문화신학회 엮음 (2015), 31-52.

본 논의 속에 유대적 사유와 아시아적, 특히 한국적 사유 간의 친화성이 많고 깊다는 필자의 신학적 판단이 작용했다.

하늘이 수여한 인간의 바탈(本性), 곧 신적 씨앗이란 말은 다석多夕 유영모가 강조한 유교의 핵심이다. 신/인神/人의 관계를 이렇듯 불이 不二로 보고 이를 성령론(수행)적으로 풀어낸 것이 다석의 기독교 이해였다. 여기서 바탈은 인仁, 곧 사랑의 근원 처(端)로서 공감력의 보고寶庫라 할 것이다. 이후 동학은 오심즉여심吾心卽汝心이라 하여 하늘과 인간 나아가 인간과 인간 간에 소통할 수 있는 힘을 확장, 심화시켰다. 이런 사유는 유대적 하느님 이해와 많이 유사하다. 의심 여지없이 이스라엘 하느님은 약자로서의 인간을 위한 존재인 탓이다. 특히 벤야민류類의 사유에 있어 하느님은 실패한 역사, 체제에 희생양된 이들을 떠날 수 없는 분이다. 기독교 신학이 유일무이한 성육신 사상을 발전시켰으나 이것 역시 약자들, 역사 속의 존재인 것을 강조하는 데 그 목적이 있다. 성육신은 초월(하늘)을 '초월'하는 것으로서 그 지평은 공간적으로는 땅일 것이고, 시간적으로는 역사이며 그리고 하느님에 대해서는 인간인 탓이다. 여기서 인간은 유일회적이기보다 보편적 존재를 적지한다. 이로부터 유대적 사유를 전유한 '역사유비' 신학의 한국적 재再전유의 길을 모색할 수 있다. 지속적으로 약자들을 기억하고 그들 깊은 탄식을 들으며 이들 과거를 복원시켜 새로운 미래로 이끄는 것이 신학, 곧 메시아적 사유의 책무일

터, 이들 지평을 확대하기 위함이다. 여기서 유대적 사유와 유교적 사유 간의 유사성이 차이보다 훨씬 크고 많음을 강조할 수 있다. 더욱이 동학의 개벽 사상과 '역사유비'의 사유 간의 상당한 친화력을 부각시킬 필요가 있다. 부언하지만 여기서 핵심은 유대적 사유에 대한 성령론적 접근이다. 불이不二적 구조에 터한 인간 바탈에 대한 강조가 유대적 사유와 만나야 하겠기 때문이다. 이를 위해 삼재三才론, 곧 하늘, 땅(자연) 그리고 인간에 대해 간략한 설명이 재차 요구된다.

삼재三才 사상은 『천부경』의 핵심 요지로서 한글 창제 원리이자 한국적 사유 방식의 원형이라 회자된다.* 다석 유영모는 『천부경』 전문을 순수 한글로 풀어낼 만큼 중요하게 생각했다. 천지인天地人을 상징하는 모음 셋이 자음에 붙어 한글을 창제했고, 그 언어가 새로운 세상을 창조했던 탓이다. 이 땅 고유한 현묘지도玄妙之道, 곧 풍류風流 역시 삼재三才론적 세계관에서 비롯했다. 그의 활동인 접화군생接化群生, 만물에 접해 생명을 창출하는 힘 역시 삼재론적 세계관의 산물이다. 내유신령內有神靈, 외유기화外有氣化 그리고 각지불이各知不移로 풀이되는 동학의 시천주侍天主 또한 이런 삼재三才론에 터한 발상이었다. 본래 삼재론의 핵심은 '인중천지일人中天地一', 즉 하늘과 땅이 사람

---

* 이하 내용은 다음 책을 창조적으로 재해석하여 자유롭게 인용한 것이다. 주요섭, 『전환 이야기 — 열망의 유토피아가 온다』(모시는사람들, 2015). 물론 앞서 언급한 『다석강의』, 『없이 계신 하느님, 덜없는 인간』의 내용 역시 상당 부분 재구성되었다.

속에서 하나가 되었다는 언술 속에 있다. 사람 속에서 하늘과 땅이 하나가 되었기에 사람의 중요성을 강조한 것이다. 여기서 사람은 단순한 사람이 아니라 우주적 생명을 지닌 존재로서 그 뜻을 밖으로 펼쳐내야 할 존재이다. 이것이 바로 시천주侍天主이자 인내천人乃天의 뜻이고, 다석이 말한 '바탈'의 근본 내용이다. 그렇기에 유교와 그의 민중적 해석인 동학東學은 모두 사람이 하늘이라고 말한다. "그대가 바로 나"(吾心卽汝心)라는 말은 '인중천지일'의 자각으로서 세상을 근본적으로 달리 만들 수 있는 동력이겠다. 이런 자각은 선천先天을 마감하고 후천後天의 세계를 여는 개벽開闢의 실상인 바, 메시아적 사유의 한국적 표현이라 해도 좋다. '오심즉여심'의 개벽 사상이 실패한 과거를 구원하려는 유대적 메시아 사유와 조우할 여지가 충분히 있는 탓이다. 이하에서는 기억의 행위로서의 제사의 확대된 의미와 메시아적 사유로서의 개벽의 본뜻을 살펴볼 것이다.

제사는 본래 죽음을 극복하는 유교적 의식이었으나 살아생전 효孝를 잇고자 하는 발상, 즉 죽은 조상에 대한 기억의 책무로서 점차 축소, 전개되었다. 자기 생명의 근원을 잊지 않고자 생자生者의 자리에서 죽은 조상들을 기억해 내고 그들과의 삶(뜻)의 연대성을 도모하는 일을 제사라 불러도 좋겠다. 이렇듯 공백의 자리에서 슬퍼하며 사자死者를 기억(回憶)하는 방식을 우리는 유교로부터 배워 왔다. 하지만 이 과정에서 유교는 조상의 끝인 하느님을 잊었다. 다석의 말대로라면 '없이 계신 하느님'을 상실한 유有의 종교로 전락한 것이다. 이것이 함의하는 바는 대단히 중요하다. 하느님을 잃은 탓에 기억의 대상이 혈연관계로 한정되었고, 유교를 조상 숭배 종교로 전락시킨 것이다. 이 점에서 유교는 자신의 본질 회복과 함께 유대교적 메시아 사유와 접촉해야 옳다. 자신의 바탈에 근거하여 더 큰 공감력을 행사해야 살길이 있고, 미래가 열린다. 약자들에 대한 배려, 실패한 역사에 대한 연민 역시 배울 일이다. 기억하는 의식으로서 제사는 아무리 강조해도 지나칠 수 없다. 더군다나 약자에 의한 약자들에 대한 기억은 더없이 소중하다. 제사로 인해 체화된 기억의 문화에 터해 현재를 혁명해야만 한다. 기억을 매장시키려 했던 정부, 제도적 종교들에 대한 투쟁도 감내해야 옳다. 유교적 제사 문화가 망자를 기억하는 일이자 그의 한恨을 풀어내는 종교성의 표현인 까닭이다. 제사를 신독身讀의 행위로 여겼던 유교의 지혜가 그래서 더없이 중요하다.*

이 점에서 동학은 제사의 의미를 더욱 발전시켰다. 향아설위向我設位를 통해 유교적 제사(向壁設位)를 철저화시킨 것이다. 오심즉여심

---

* 이정배, "평신도도 의례의 주체이다: 조상제례의 신학적 재구성 ― 예배와 제사의 불이(不二)적 관계에 터하여," 미간행논문 (2017), 1-10. 본 논문은 2017년 5월 27일 독일 '교회의 날' 행상장에서 영어로 발표되었으나 아직 출판되지 않았다. 김승혜, 『다산 사상 속의 서학 지평』, 서강대학교 인문과학원 편 (2004), 72; 이은선, 『유교, 기독교 그리고 페미니즘』 (지식산업사, 2003).

音心卽如心'의 상태로서 우주적 자아를 깨쳐 공감력의 지평을 시공간적으로 확장시킨 것이다. 무엇보다 과거사 속 민중의 고통을 기억했고 이를 개벽의 세계로 접목시켰다. 억압과 착취로 점철된 선천先天의 현실을 회억하여 후천後天의 세계에서 이들을 품고자 했기에 동학의 후천개벽설은 메시아적 사유와 내용적으로 중첩된다. 선천과 후천 간의 변증적 역설로서의 '역사적 유비'가 생겨난 것도 양자 간 닮은꼴이다. 따라서 우리에게 낯선 유대적 사유에 생각을 맞추기보다 후천개벽을 통해 메시아적 뜻을 우리(한국)식으로 찾는 것이 훨씬 지혜로울 수 있겠다. 여기서 후천後天 역시 벤야민이 말했듯이 서구적 진보 사상과는 전혀 맥락을 달리하는 바, 목하 자본주의 문명에 대한 비판이자 극복이고 대안이 될 것이다.

후천개벽은 억압과 착취로 점철된 선천先天의 현실에 대한 기억에서 비롯한다. 즉, 개벽이란 뭇 생명의 아픔을 기억하며 그와 하나되어 '서로 살림'의 세상을 이루겠다는 종교적 열망의 표현인 것이다. 실패한 과거가 메시아 개입과 짝을 이루듯 여기서 선천은 후천과 역설적 변증으로서 유비적 관계를 맺는다. 해원상생解寃相生이란 말이 이에 해당될 수 있겠다. 상극에서 상생으로 양(남성)의 문명에서 음(여성)의 문명으로의 전환을 위해서다. 이들 두 개념 쌍들은 상반되나 서로 공속共屬 관계에 있기에 양자 간 역사적(변증법적) 유비가 성립한다. '역사유비'의 신학이 마르크스주의와 유대 신비주의를 넘어선 제3의 길이었듯이 후천개벽 역시 수구(中華)적 위정척사(파)

와 서구 지향적 개화(파)와 변별된 제3의 길을 갔다. 즉, 그것이 중국
이든 서양이든 간에 그것을 선천의 세계라 여기고 이를 부정하는
'각비(覺非'에 근거, 한국 고유한 영성적 사회운동을 야기시킨 것이다.
여기서 핵심은 분명 '궁궁(弓弓'이란 말이겠다.* 이는 메시아의 개입과
견줄 수 있는 바, 자기 속에 내주한 우주적 생명의 발견(자각)을 뜻한
다. 이신의 말대로 의당 성령의 역사일 수도 있겠다. 앞서 언급한
'오심즉여심'이란 말과도 다르지 않다. 수탈과 겁박의 대상이었던
민중이 바로 한 생명의 존재로서 하늘과 다름없다는 의식의 환골탈
태인 탓이다. 유대적 사유는 이를 진정 메시아적 개입이라 했고,
동학은 이를 하늘의 소리라 했다. 이렇듯 '궁궁', 즉 '오심즉여심'은
결코 관념과 추상의 산물이 아니었다. 우주적 생명을 모신 이들이
남/녀, 반/상, 적/서, 유/무에 상관없이 접(接'이라는 공동체를 만들었
던 까닭이다. 이로써 후천개벽은 실패한 선천의 역사를 구(救'할 수
있었다. 천지'비괘(天地否卦'의 선천 역사를 지천'태괘(地天泰卦'의 현실로
개벽시켰던 것이다. 이는 선천에 대한 애도적 기억(回憶) 없이는
불가능한 일이었다. 즉, 잘못된 현실(先天)에 대한 민중들의 부정,
즉 각비(覺非가 지속되었기에 가능한 결과였다. 수운과 해월이 끊임없
이 강조한 수도(修道, 예배 그리고 신독(愼獨)은 바로 각비에 터한
회억의 실상이었다. 하지만 메시아적 사유와 하늘의 소리인 오심즉

* 주요섭, 『전환 이야기 ― 열망의 유토피아가 온다』, 232-235, 247-248.

여심의 자각 사이에 차이가 없지 않다. 전자가 패배한 과거의 이미지를 강조했고 혁명을 예외적 사건이라 여겼다면, 후자의 경우 생활세계 속에서 후천개벽의 현실을 구현시키고자 노력했던 까닭이다. 예외적 사건의 일상화를 위한 뜻은 동일했지만 낙관樂觀의 정도에 있어 동학이 훨씬 강했다고 볼 수 있다. 물론 후천개벽론 또한 역사 속에서 무참하게 짓밟혔으나 오히려 21세기에 접어든 지금이야말로 후천後天의 열망을 실현시켜야 될 적기로 여기는 시각이 확대되고 있다. 그럴수록 후천개벽설 역시 자신들 역사적 실패를 철저히 회억할 필요가 있다. 실패한 역사를 성좌로 엮었던 벤야민식式 노력이 이 땅에서 더욱 절실히 이루어져야만 할 것이다.

마지막으로 '각비覺非'에 터한 개벽開闢에로의 열망이 유대적인 메시아 사유의 신학 화를 위해 공헌할 수 있는 점을 생각해 보겠다. 주지하듯 '역사유비'의 신학 역시 자본주의 비판에 초점을 두었고, 생태 위기에 대해 깊이 걱정했다. 진보를 추동하는 자본주의가 항시 실패한 과거에 대한 기억을 차단시키기 때문이다. 그렇기에 생태 위기를 자초하는 자본주의 역사관을 폐기시키는 것이 메시아 개입의 본질이자 '역사유비' 신학의 존재 이유라 생각하였다. 이 점에서 '역사유비' 신학은 그 한국적 표현인 후천개벽 사상으로 강화될 필요가 있다. 말했듯 후천개벽은 상극相剋 대신 서로 살림(相生)의 생명운동이었던 탓이다. 여기서는 인간 및 자연, 심지어 미물까지도 '한 생명'으로 인식하기에 지금껏 인류가 경험치 못한 영성적 사회혁명을 실험할 수 있다. 자연 생명을 포함, 뭇 생명의 아픔에 공감하는 운동이 후천개벽의 본질이자 실상인 까닭이다. 해월의 '이천식천以天食天', 즉 "하늘로서 하늘을 먹는다"는 이 말속의 생태적 의미는 생명 외경을 말하는 어떤 서구 사상도 견줘도 손색이 없다. 더구나 천민賤民 자본주의가 대세인 정황에서 '궁을회문명弓乙回文明', 즉 "내 마음이 그 마음이란 자각이 문명을 바꾼다"는 그의 말 또 한 대단히 귀貴하다. 따라서 오심즉여심의 세상, 곧 개벽된 후천의 세계는 단언컨대 예수의 하느님 나라와 다를 수 없다. 이는 현실에 대한 각비覺非에서 비롯하는 바, 체제 밖 사유로서 뭇 대안적 공동체 운동(接)을 불러일으켰던 까닭이다. 경쟁이 아니라 환대, 이익이 아니라 호혜 그리고 상품이 선물로 바뀌는 공동체가 이에 기초하여 곳곳에서 일어나고 있다. 이런 사유를 실험하는 공동체를 일컬어 비로소 교회라 말할 수 있을 것이다. 선천의 세계 속에 갇혀 신음했던 인간 역사와 자연 역사를 공히 함께 구원하는 일이 교회의 사명이다. 이신이 평신도들과 더불어 유기체적 그리스도의 교회를 세우고자 했던 사건을 기억해도 좋겠다. 여기서 개벽이란 인간의 깨침이자 하늘의 개입의 동시성, 곧 줄탁동시의 사건으로 이해할 수 있겠다. 이를 메시아적 개입과 기억의 상관성이라 여겨도 좋을 것이다.

4. '역사유비'로서의 슐리얼리즘 신학

앞서 종교개혁 500년을 맞아 루터에게 돌아가는 것이 능사가 아님을 말했다. 루터는 중세를 마감한 근대를 위한 신학자였고 기독교 세계 속에 시공간적으로 갇힌 존재였던 탓이다. 그가 말한 종교개혁은 가톨릭과의 변별을 위한 기독교 차원의 개혁이었을 뿐이다. 루터적 시각에서 벗어나야 로마서를 옳게 읽을 수 있다는 성서학자들 증언도 있기에 루터 신학을 지금 이곳, 한국에서 수용하기가 쉽지 않다. 기독교 이후 시대를 살고 있는 우리에게 루터의 개혁 원리, 3개의 '오직' 교리에 한계가 있고, 오남용된 부분도 많다. 하지만 이 글에서는 이런 주제를 다루지 못했다. 가톨릭 신학 원리인 '존재유비'와 그를 극복코자 한 개신교 신학 원리인 '신앙유비'를 대별하고, 이들 두 신학이 오늘을 읽고 풀기에 충분치 못함을 거칠게 서술했을 뿐이다. 두 가지 이유에서 기독교 내 두 지배원리인 이들의 명제를 비판했다.

첫째는 이 두 신학 원리가 동서 종교를 초월과 내재의 틀로 도식화시켜 차별한 것에 반발했고, 둘째는 가역성/불가역성 차원에서 기독교와 그 밖의 종교를 변별한 것에 대한 이의제기였다. 한마디로 초월적 실재를 내세워 신과 인간 간의 가역적 관계 대신 중개 내지 대속 종교를 강조한 두 신학 원리의 시대적 한계를 적시한 것이다. 초월적 사유, 곧 전통적 신학이 역사 배면背面으로 밀쳐진 결과였다.

반면 초월 대신 역사를 전면에 세운 유대적 사유, 곧 종교개혁 이후의 신학 사조는 이제 '자기만의 신神' 개념으로 종교개혁 신학을 비판한 종교사회학자 울리히 백의 견해와 쉽게 조우할 수 있다.* 오직 '믿음' 으로 주체성을 강조했으나 초월(자)을 전제한 탓에 믿음의 유/무에 따라 기독교 안팎의 경계를 만든 루터의 한계를 적시한 것이다. 그는 초월(자)에 대한 응답(믿음)의 표현으로서 3개의 '오직'(교리)을 앞세우는 것을 공히 주체성의 자기 배반이라 여겼다. 믿음이 또 다른 경계를 만든 탓에 기독교 진리는 평화를 일구는 수단이 될 수 없었던 것이다. 그렇기에 초월의 전제 없이, '오직' 교리들 없이도 실패한 역사의 구원을 믿었던 유대적 메시아주의, 그것이 타락한 자본주의와 맞서는 종교개혁 이후 신학의 풍요로운 토양이 될 수 있을 것이다. 이로부터 필자는 앞선 신/구교의 두 신학 원리 대신 '역사유비'란 말을 차용했고, 그것으로 종교개혁을 위한 신학을 상상 (구상)했다.

그러나 이 글의 핵심은 이런 새로운 신학 사조가 유교로부터 동학으로 이어지는 이 땅의 사유 방식, 후천개벽의 틀거지에서 더 잘 설명될 수 있음을 피력한 데 있다. 애도적 기억(回憶)과 메시아 개입의 관계를 '줄탁동시'(啐啄卽如心)적 차원에서 풀어냈고, 실패

---

* 울리히 백/홍찬숙 역, 『자기만의 신』(도서출판 길, 2013), 특히 1장과 4장을 비교하
  며 보라.

한 과거와 메시아 개입 간의 변증적 역설을 선천과 후천의 관계로 설명했던 것인데 창조적 발상이라 생각한다. 최종적으로는 후천개벽이 자본주의의 병폐와 자연생태계의 회복을 위해서 더욱 실천적인 논거가 될 수 있음을 적시했다. 이 땅에서 일어나는 수없는 생명공동체 운동이 바로 이에 터한 까닭이다. 이제 종교개혁 이후 신학은 서구적 범주와 개념 없이도 가능할 수 있게 되었다. 선/후천 사상이 '역사유비'의 한 유형인 이상 이것은 기존의 두 신학 원리—가톨릭(존재유비)과 개신교(신앙유비)—와 상관없이 독자적 신학이라 말해도 좋다. 이로써 일찍이 일아^雅 변선환이 바랐듯 우리 사유가 본문(Text)이 되고, 서구 신학이 각주(footnote)가 되는 실로 신학함에 있어 주객의 도치를 이루게 되었다. 이에 더해 이신의 슐리얼리즘 신학은 서구 역사를 넘어 동서양 역사 간의 유사성을 말함으로 '역사유비' 신학을 위한 아시아적 기초를 놓았다. 우리가 이신의 슐리얼리즘 신학을 기독교 사회주의와 그리스도 환원운동을 통섭한 신^新토착화론으로 부르는 이유가 여기에 있다. 이런 전환에 힘입어 기독교개혁 500년 역사가 항차 축^軸의 시대에 태동된 일체 종교들을 개혁할수 있는 계기가 되었으면 좋겠다. '역사유비'로 재조명된 동학의 후천개벽론^論, 나아가 이신의 슐리얼리즘 신학은 인류 및 지구 생태계의 미래를 위한 화재 경보인 까닭이다.